成长不烦恼 中国**小学生**心理、情感写真及自我**应对策略**

好性格好人缘

小学生获得同学和老师支持的30种能力

赵静 ◎ 著

图书在版编目(CIP)数据

好性格好人缘/赵静著.—北京:北京大学出版社,2009.1
(成长不烦恼)
ISBN 978-7-301-14725-2

Ⅰ.好… Ⅱ.赵… Ⅲ.心理自助－人际交往－青少年成长－素质教育
Ⅳ.C912.1-49

中国版本图书馆CIP数据核字(2008)第191111号

书　　　名：好性格好人缘
著作责任者：赵静　著
责 任 编 辑：刘祥和
封面及内文绘画：徐忆卿
内 文 彩 插：王　静
标 准 书 号：ISBN 978-7-301-14725-2/G·2532
出 版 发 行：北京大学出版社
地　　　址：北京市海淀区成府路205号 100871
网　　　站：http://www.jycb.org　http://www.pup.cn
电 子 信 箱：zyl@pup.pku.edu.cn
电　　　话：邮购部 62752015　发行部 62750672　编辑部 62767346
　　　　　　出版部 62754962
印　刷　者：北京宏伟双华印刷有限公司
经　销　者：新华书店
　　　　　　787×980毫米　16开本　14印张　144千字　8插页
　　　　　　2009年1月第1版　2009年10月第2次印刷
定　　　价：25.00元

未经许可,不得以任何方式复制或抄袭本书之部分或全部内容。
版权所有,侵权必究
举报电报：(010)62752024　电子信箱：fd@pup.pku.edu.cn

目录
Contents

- 1. 没收到任何交友回信 // 1
- 2. 同学爱用"抹布招儿" // 5
- 3. 班里的小坏蛋总喊我外号 // 11
- 4. 我的"开心果"在哪里 // 20
- 5. 我们没有谈恋爱 // 26
- 6. 和好朋友绝交总让我心里不踏实 // 31
- 7. 在"夹缝"中艰难生存 // 38
- 8. 多么希望朋友不要"小心眼儿" // 44

- 9. 想让同学还钱，又怕伤了和气 ‖ 50
- 10. 老和同桌磨擦不断 ‖ 55
- 11. 我冤枉啊 ‖ 62
- 12. 我心里压着块大石头 ‖ 69
- 13. 怎样当好数学课代表呀 ‖ 75
- 14. 拒绝了朋友的和好 ‖ 83
- 15. 我们的"老板"管得宽 ‖ 89
- 16. 其实我没有恶意 ‖ 95
- 17. 想自己做选择 ‖ 105

- 18. 被人羡慕也很苦 ∥ 112
- 19. 我想做个"野蛮"女生 ∥ 118
- 20. 幻想着自己被女生崇拜 ∥ 125
- 21. 改不了自己暴躁的脾气 ∥ 134
- 22. 长得漂亮就该烦恼多吗 ∥ 142
- 23. 谁说少年不识愁滋味 ∥ 150
- 24. 我吃了"一大堆泥巴" ∥ 158
- 25. 怪"毛病"让我发疯 ∥ 165
- 26. 做班干部真累 ∥ 173

- 27. 我真是个"事儿"妈吗‖181
- 28. 想跟网友见面‖189
- 29. 帮帮误入"歧途"的我‖195
- 30. 我只是不想出风头‖202
- 31. 考满分的烦恼‖209

 美丽的疼痛

1. 没收到任何交友回信

为什么我每一次写信交友,都交不成?要知道我是一个非常喜欢交友的人,我还有一个外号叫"交友情圣"呢!别人看我写了那么多的信,就给我取了这么个外号,可只有三个人真正成为我的朋友。我想通过写信交友的,可是,没有人肯回信给我。我也不知道怎么会这样,我也很想成为大家的朋友。你能告诉我怎么做吗?

交友情圣　男生　11岁

快乐由你

"交友情圣":

　　没有人回信给你,原因有很多。比如:对方不太了解你、学习忙、没收到信等等。其实,写信是交友的方式之一,但绝不是唯一的方式。交友的目的也不是为了有书信来来往往,既新鲜又好玩,而是为了有一个交流、学习、沟通的对象。不知你是否同意我的观点?如果你同意的话,那就不要"一条道走到底",非要通过写信来交友。换一种方式吧,比如,你可以和小朋友们一起运动游戏、一起谈天说地、一起交流学习体会……久而久之,你就不会再羡慕别人有一大堆朋友了,因为你已经和他们一样,拥有了自己的一大群一大群的朋友了。

　　另外,朋友要有很多,但知心朋友就要少而精了。记住,交知心朋友要交那些品行出色的人。那样,你们就会互相促进,不断进步,你也不容易受到伤害。

◉ 信任是人际交往中最重要的一环。如果缺乏信任,你的交往技巧就是再高超,也只能获得最初的好感。

◉ 有时,一声"谢谢"、一个微笑或一次过路礼让,都能使你受到别人的欢迎。

你的朋友圈儿有多大

如果你正在等公交车,一辆小车开过来,司机停下车,伸出头来对你说:"嗨,朋友,捎你一段吧!"你准备怎么答复他?

A. 看他的样子不像个坏人,他愿意捎,我就搭一段路吧。

B. 招呼一起等公交的同学一起搭。

1. 没收到任何交友回信

C. 直接告诉对方自己不愿搭他的车。

D. 看都不看他一眼，根本不理他。

分析：

选择A：你喜欢交好多朋友，你的朋友也很多，但是，能聊心里话的朋友却很少。你也容易相信别人，容易上当受骗。

选择B：你喜欢真心地对待人，对好朋友更是如此。但是，没有多少人真心对你。因为，你比较虚荣，希望朋友总是夸奖你、欣赏你、围着你转，这让朋友很烦你。

选择C：你知道保护自己，也比较善解人意。如果能让脸上多充满灿烂的笑容，你的朋友会更多一些，你的朋友圈子也会更大一些。

选择D：你对友谊的要求太高，这使你常常感到孤独。你也能分清好与坏、对与错，但又不愿接受别人的好心。你过得比较累，朋友和你待在一起也感到累。于是，朋友会渐渐地离开你，而你的朋友圈子也会越来越小。

 美丽的疼痛

2. 同学爱用"抹布招儿"

唉,最近真惨,好多事都缠着我。为了与张雅雅绝交,我不知耗了多少时间、多少精力!绝交书我写一份,她撕一份。最后,我用一盒糖才终于让她在绝交书上签了两个字:同意。

你可能要问我了,为什么要和张雅雅绝交呢?我一说你就明白了,这种朋友实在是交不得。她一下课就和我打打闹闹,以前总是她输,现在却总是我输,我都有点儿怕她了。因为她有个绝招,叫"抹布招儿",就是用很脏的抹布往别人嘴里塞。她边塞边说:"我让你吃抹布,我让你吃个够!"我都"吃"了四回抹布了。我

真的很怕她了。

　　她还有两个更厉害的招数，一个叫"抹布包东西招儿"，一个叫"偷吃"招儿。第一个招儿不说你也明白，就是用脏抹布包我的眼睛。第二个就是几乎每天都偷吃我的糖周一、三、五有课外活动课时，她就趁我出去玩，偷吃我的糖，吃不了就分给别人。或者她把一颗颗糖扔在地上，用脚踩脏，再放回盒里，摇一摇。这样，一整盒糖就不能吃了。

　　你说可恨不可恨？！她不吃也不让别人吃，这可是我的糖啊！我现在很少买糖了。可是我天生又是一个爱吃零食的人，不买糖，也会忍不住买点别的什么东西。后来，又被张雅雅发现了，她还是偷吃。你说我该怎么办呀？

青蓉　女生　10岁

 快乐由你

亲爱的青蓉：

读了你的一串串"怎么办"，我忍了半天还是笑出了声。一方面，笑你那个签了"同意"两个字的朋友，她可真是个不折不扣的、带点暴力倾向的疯丫头啊；另一方面，也笑你，那充满童真的逼写"绝交信"，那无可奈何的"怎么办"，和那想恨又恨不起来的懊恼样儿……

从来信中可以看出，虽然你对你的朋友有很多不满，但你还是不怎么太讨厌她。而你的朋友，就是那个爱往人嘴里塞抹布的女孩子，对人好像也没有什么恶意，但随便拿别人的东西是不对的，而且还把那些糖扔在地上，用脚踩脏就更不对了，似乎她还做得很有乐趣的。

其实，问题不仅仅出在她的身上，你也有不可推卸的责任哦。比如，在没得到你许可的情况下，她一个劲儿地拿你的糖并扔在地上踩时，你并没有阻止她呀。更严重的是，你还老买糖来"供"她拿和扔。可能，你不想承认这个"供"，但是，事实上，你不反对，就表示你在怂恿她这样做。

知彼知己，问题就好解决了。你找她谈一谈。试试往她嘴里塞抹布，或者让她买来糖，然后由别人随便拿、随便扔时，看她愿不愿意。我想如果她是一个正常孩子的话，给你的答

2．同学爱用"抹布招儿"

案一定是否定的。然后你就可以严肃地、认真地告诉她:"我也不愿意!"另外,你还要告诉她,朋友之间都应该是相互尊重的。如果对于你的严肃态度和严肃问题,她还是嘻嘻哈哈的,甚至恶作剧地说"我愿意"的话,那你就狠狠心,准备来个"以牙还牙"。最后的结果肯定是她"逃之夭夭"。再最后的结果是,得到你的惩罚,她再也不会重复以前的错误了。当然,你们还是好朋友。

这种方式比你拿一包糖,逼人家在绝交信上写"同意"两个字有效多了,而且还不会失去一个好朋友。

不信?试试看!

◎ 伤害是一个刺眼的东西,从来就没有人能躲过。聪明的人在伤害中醒悟,在伤害中体验,在伤害中变得善良。

◎ 人并非一生下来就懂得理智、沉稳、坚忍、执著、含蓄、坦率、自信、自尊、友善等等,这些都得益于后天的培养。从某种意义上说,你有什么样的品质就注定着你有什么样的人生。

◉ 宽容来自我们自愿放弃一得之见和一己之利,真正地做到沟通和理解。

◉ 要求别人的行为总是很难很难。只有好好把握自己,尽量不去伤害别人,并提醒朋友不要做伤害别人的事。

◉ 既然无法去躲避伤害,不如勇敢地去面对它,理智地去理解它。有些是无意的,有些是善良的,有些是冲动下不小心造成的。经常换位思考一下,也许在那样的环境下自己也会如此。

 认识我自己

同学眼中的你

如果你特想知道自己在同学眼中是个什么样的人,那么这个测试可以满足你的愿望。测试开始:暑假期间,同学来你家玩。当他走后,你突然发现他的墨镜落在你家里了,你会怎么办?

A. 立即追出去。如果追不上,那就立马送到他家去。

B. 给他打电话,让他自己过来取。

2. 同学爱用"抹布招儿"

C．托另一个同学带给他。

D．就放在家里吧，以后有机会见面时再说。

分析：

选择A：说明你既大胆又冷静，能为别人着想。在好处面前，你是不会光顾着自己的。

选择B：你比较积极上进、聪明、能力强，但遇到问题时，自信常常会过了头。

选择C：你整天很快乐，好像不知忧愁为何物，喜欢帮助人。只要有人求，不管做到做不到，你都会答应下来。

选择D：你比较胆小怕事，干什么都小心翼翼的，生怕出什么岔子。优点是责任心强，缺点是责任心太强，常常把自己弄得忧心忡忡。

 美丽的疼痛

3. 班里的小坏蛋总喊我外号

我们班有几个小坏蛋，他们老是嘲笑我，因为我的脑门很大。爸妈说那是聪明的象征，可是我却觉得里面好像装满了糨糊。我跟班上的尖子生比起来，总是"慢半拍"。有的同学给我起了个外号，叫"土豆"，大概是因为我的脑门像两个大土豆吧？我常常因为这个而感到自卑，我真想让他们不要这样叫说我了！

有什么高招儿对付这种事呀，快快告诉我吧。

天鹅湖　女生　10岁

3. 班里的小坏蛋总喊我外号

 快乐由你

亲爱的天鹅湖：

读着你的"烦恼"，我差点乐出声来，再瞄瞄周围，还好，没有招来"注目礼"。为什么乐呢？因为你的烦恼勾起了我对童年的回忆。

小时候，同学们给我起的外号叫"照镜子"。只要想拿我开心，一帮捣蛋鬼就会相互之间故意喊叫："喂，照镜子喽！""喂，臭美什么呀，也不照照镜子？"当然了，这是根据我名字的谐音来起的。虽有烦恼，但我心里还不算难过。最惨的是我的同桌，她姓"蔡"。于是，那些小捣蛋鬼老是叫她"菜包子"。想想看，包子虽好吃，但样子多难看呀。为此，我这个同桌小女生不知被气哭过多少回。

尽管同学们的外号总是五花八门，不过话说回来，小时候能有几个人没被起过外号呀，要不，那还叫童年吗？

呵呵，我乐的另一个原因是：为这些外号而自卑烦恼，真是太天真可笑了。我长大之后，有一次我们老同学大联欢。一见面，大家都是喊着当年对方的外号而笑翻了

天。什么"飞毛腿"、"馋嘴鸭"、"书呆子"……叫得那个亲呵！大家仿佛一下子回到了童年。那些不曾有过外号的同学心里倒空落落的，而那个曾为外号哭得最凶的"菜包子"居然成了聚会中笑得最"天花乱坠"的一个。

我说了这么多，是想用"过来人"的体会告诉你，有时外号是同学对你的昵称，这可是你童年时代留下的一笔财富哦；有时是小淘气鬼们的恶作剧，靠起外号、逗你玩儿来发泄他们过剩的精力；也可能是带有侮辱和歧视的，但这种情况非常少，毕竟小孩子都是天真无邪的。

那么如何对付这些外号呢，我觉得要跟着自己的感觉走：如果你听着挺舒服的，那就甜甜地答应就是了；如果你听着"别扭"、感觉伤"自尊"，最好的办法就是不理他们，就当跟自己没有什么关系，让他们自讨没趣去吧。几个回合下来，赢的准是你。

◉ 真正伤害心灵的不是刀子，而是比刀子更厉害的东西——语言。在生活中，我们有时与人说话时，会给对方造成

伤害，这是我们必须谨慎的，这样的"刀子"太伤人。

◉ 要想了解一个人，请你注意他的"小节"。要想把自己介绍给别人，小节便是最好的介绍信。

◉ 保持自己心灵的春天，是快乐最重要的源泉、成功最可靠的动力！

◉ 欢乐是美味的奶，委屈是苦涩的茶，要调出一杯有味道的生活奶茶，这两样东西都必可不少。

 认识我自己

看清你自己

这是一套由美国兰德公司设计的性格测试题。注意：每题只能选择一个答案，应为你第一印象的答案。把相应答案的分值加在一起即为你的得分。

1. 你更喜欢吃哪种水果？

   A．山楂（2分）

   B．鸭梨（3分）

   C．哈密瓜（5分）

D. 菠萝（10分）

E. 李子（15分）

2. 你平时休闲经常去的地方

A. 空旷的田野（2分）

B. 影剧厅（3分）

C. 小区花园（5分）

D. 超市（10分）

E. 朋友家（15分）

F. 健身房（0分）

3. 你认为容易吸引你的人是

A. 有本事的人（2分）

B. 需要我帮助的人（3分）

C. 外表很帅的人（5分）

D. 心肠很软的人（10分）

E. 乐观开朗的人（15分）

4. 如果你必须做出一个选择，你希望自己是？

A. 猫（2分）

B. 马（3分）

C. 老黄牛（5分）

D. 松鼠（10分）

E. 狗（15分）

F. 老虎（20分）

5. 天气很热，如果停电了，你更喜欢用哪种方式来降温?

　　A．洗冷水澡（5分）

　　B．大吞雪糕（10分）

　　C．找个风口待着（15分）

6．在这几个动物中，你最能容忍的是哪一个？

　　A．蚂蚁（2分）

　　B．绵羊（5分）

　　C．老鼠（10分）

　　D．蚊子（15分）

7．你喜欢看哪一类的书？

　　A．魔幻小说（2分）

　　B．神话故事（3分）

　　C．百科全书（5分）

　　D．名人传记（10分）

　　E．军事小说（15分）

8．出门时，什么东西是你最不会忘记带上的？

　　A．零食（2分）

　　B．漫画小书（2分）

　　C．小镜子（3分）

　　D．钥匙（5分）

　　E．手机（10分）

9．你喜欢哪种方式的跑步？

　　A．中速地跑（2分）

B．慢跑（3分）

C．快跑（5分）

D．像百米冲刺那样地跑（10分）

E．溜达（15分）

10．选衣服时，你会更偏重于哪种颜色？

A．藏蓝色（2分）

B．深黑色（3分）

C．淡绿色（5分）

D．淡粉色（8分）

E．橘黄色（12分）

F．大红色（15分）

11．你更喜欢哪种健身运动？

A．饭后百步走（2分）

B．微微喘气的快步行走（3分）

C．打网球（5分）

D．击剑（8分）

E．打篮球（10分）

F．攀岩（15分）

12．如果让你为即将兴建的游乐场选一个地方，你会选在哪儿？

A．有水的地方（2分）

B．比较空旷的地方（3分）

C．郊区（5分）

3．班里的小坏蛋总喊我外号

D．偏远的、人迹罕至的地方（10分）

E．闹市中（15分）

13．当你心情很平静时，你会希望是什么样的天气情况？

A．窗外雷电交加，室内舒适宁静（15分）

B．打开窗户，让小风吹进来（3分）

C．下着淅淅沥沥的小雨（5分）

D．天气阴暗潮湿（10分）

E．天上飘着雪花（2分）

14．假如你们的教学楼一共有五层，而且有电梯，你希望自己的教室在第几层？

A．2层（2分）

B．1层（3分）

C．4层（5分）

D．3层（10分）

E．5层（15分）

15．你认为自己更喜欢生活在哪一个季节？

A．夏天（1分）

B．冬天（3分）

C．春夏之交（5分）

D．秋冬之交（8分）

E．春天（10分）

F．秋天（15分）

分析：

180分以上： 说明你很有主见，遇到问题时，比较冷静。喜欢张罗，总想把事情办得圆满。虽然表面看来，你的亲和力比较强，但遇到棘手的事情时，有时也会急躁。当别人办事不能让你满意时，你会让人下不了台。

140分至179分： 说明你脑瓜灵，乐观开朗，人缘好，干什么事都想干成功，遇事还算冷静。

100分至139分以上： 说明你是一个喜欢幻想、多愁善感的人。选择朋友的标准很单纯：聊得来就是朋友，聊不来就不是朋友。喜欢做有创意的事情，认死理，一根筋，有时说话很难听，不太会协调与人的关系。

70分至99分： 说明你对新事物充满兴趣，而且很善于发现新事物，喜欢挑战性的生活，有个好人缘。但在学业上不够努力，对好成绩也不是那么渴望，做事有冲劲，但耐性不够。

40分至69分： 说明你性格温和，对好朋友很忠实。学习很用功，但除此之外，业余爱好很少。不喜欢动荡的生活，不喜欢刺激的娱乐。很会管钱。

40分以下： 说明你玩儿心太重，且不专一，想起玩什么就玩什么。常常会一个人陷入幻想之中，大多是不切实际的幻想。对人很热情，容易不加选择地交朋友。喜欢享受生活，却不愿为此付出劳动和辛苦。组织纪律性比较差。

3．班里的小坏蛋总喊我外号

美丽的疼痛

4. 我的"开心果"在哪里

放学后,我和好朋友林自寒、张好又叽叽喳喳地相约着一起回家。几年来,我们三个都已养成了这个习惯。

本来和好朋友结伴回家是件很享受的事,一路上说说笑笑的,背上的书包也不觉得那样沉了。可是,最近我却感到心里越来越难过。别看我表面上还是和她们嘻嘻哈哈的,实际上,我心里却在想,为什么她们的话题总是围绕着自己转?比如,林自寒说她爸爸出差回来给她买了一个非常棒的MP3,还给她买了许多歌星的唱碟。看着我们羡慕得快要流口水的样子,她都得意得有点忘形,差点与对面走过来的老奶奶来一个"零距离"接触。还比如,张好的爸爸妈妈昨天晚上又吵得差点把楼顶掀翻了。张好说她一夜都没有睡好觉,眼睛哭得又红又肿。我们一个劲儿地对她劝来劝去，陪着她唉声叹气，然后又一招接一招地替她想办法，一直哄她哄得满脸笑开了花……

　　唉！再说说我自己吧。自从我懂事以来，我就希望能有许多知心朋友。有什么高兴的事儿，我可以与她们分享，有什么痛苦的事儿也向她们诉说。但是，现实却和愿望之间有着一定的差距。和她们在一起，我总是没有机会说说我自己的事儿。我总是觉得自己是那么地理解别人，能帮忙解决别人遇到的烦恼。可是，别人却无法了解我，当然更无法解决我的烦恼和问题了。这个"别人"不光指的是我的这两个好朋友，而且也包括我们班的其他同学。他们在大谈特谈自己的时候，为什么就不会问问我的感受呢？他们这么对我不闻不问的，我真觉得很伤心耶。

　　唉，我有时也会自我反省，可还是搞不明白别人为什么不了解我。我多么希望这世界上能有一个了解我、能替我分担或解决我心中烦恼的人啊，更希望也有人一招接一招地哄我开心。

　　　　　　　　　　章鱼　女生　五年级

4. 我的"开心果"在哪里

 快乐由你

亲爱的"章鱼":

听你这么一说,我感觉要想"天天有个好心情"还真不容易。就说这天天儿地被人忽略,尤其是被好朋友忽略,心里自然是不爽了。

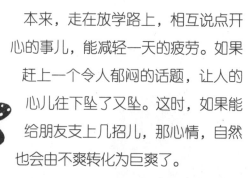

本来,走在放学路上,相互说点开心的事儿,能减轻一天的疲劳。如果赶上一个令人郁闷的话题,让人的心儿往下坠了又坠。这时,如果能给朋友支上几招儿,那心情,自然也会由不爽转化为巨爽了。

可是,这里说的只是"相互"而已。而"章鱼"呢,做的只是单方面的一个听众和支招者,而自己内心的喜悦或者郁闷呢,却在心里发酵和膨胀。最伤心的是,好朋友根本没有体察到她内心的情感需要。

是啊,没有人喜欢被忽略,被朋友忽视的感觉更是让人无法忍受。不过,忍受不了,那就改变吧。改变不了别人就改变自己。

在下一次的好朋友结伴回家的路上,或者在班里和同学在一起时,如果"章鱼"真想避免再次被忽视,那就一定把想说

的话说出来。

在说之前，可以先说一句最吸引人的话，比如："你讲的这件事真有意思，哈哈，想听听我最近碰到的最好玩的一件事儿吗？"或者说："唉，最近我痛苦死了，痛苦得想找一块海绵把自己砸死，或者揪一根头发把自己勒死。"

如果有了这样极具磁性的开场白，好朋友还是在那自顾自地唠叨个没完，那就有可能她永远也没有耐心倾听你内心的感受了。那么，我就要劝你，要重新审视这段友情，看是否有维持下去的价值了。因为，一个劲儿地自己说个不停，让对方只有听的份儿、没有表达的权利，这是不公平的，是对别人的不尊重。

和一个不懂得尊重别人的人做朋友，那只会让自己受到的伤害越来越多。

◉ 不要总是暗示自己"我是个无关紧要的人"，或者"根本没有人关心我"，这样会引爆你心中固有的自卑感。应该尽量用正面的想法，去代替那些负面信息，如："呵呵，我

还能替别人出这么好的点子哦。"

⊙ 有来有往，互通有无，彼此分享对方的经验、观点、知识、情感、愿望等，能促进朋友间的相互理解与悦纳，能促进大家一起慢慢长大。

⊙ 一个善于倾听的交谈者，是最受人欢迎与信赖的。相反，一个不会听只会说，尤其是所说的内容总离不开他自己的人，是让人难以忍受的。

⊙ 倾听对方时，目光要正视对方的眼睛，否则会显得心不在焉。

⊙ 在倾听当中，时时点头，或者"嗯哼"两声表示自己在专注地听；用微笑、皱眉、感叹、询问、反问等方式，表示话题激起了双方的共鸣，这样的交流才是有效的交流。

 认识我自己

你自己拿得定主意吗

过春节时，你获得了1000元的压岁钱后，想去买一把你早就想买的网球拍，但是钱又差一点儿；去买一双不急用的网

球鞋呢，又会剩下几百元，你会怎样做?

A．从爸妈那里提前支取一些零花钱，先把网球拍买回来。

B．买完网球鞋后，再去买一些自己喜欢的书或其他小装饰品。

C．什么都不买先存起来。

分析：

选择A：还算有主见，能在紧急关头做出决定，而且也不会后悔。比起一般人来说，你算是有主意的人了。但有时你的决定并不一定都是正确的，而且，你会因为好面子，即使打错了主意，嘴也很硬。

选择B：你是个标准的拿不定主意的人，做事没有什么主见，遇到事情，总想让别人给你意见，很难自己做决定，给人的感觉是很没自信。

选择C：你对家和家人很依恋，知道关心老爸老妈，是个懂事的好孩子。知道省着花钱，做事有条不紊，很沉稳，很让爸妈省心。

4．我的"开心果"在哪里

5. 我们没有谈恋爱

我有一件心事,从没向别人讲过,一直埋在自己的心里,在这里我想向你"求救"一下。

我有一个很好的朋友,他是个小男孩。在学校,我们经常在一起玩、开玩笑。同学们都说我们俩之间有那种恋爱关系,可是实际上我们之间真的没有什么,只是普普通通的好朋友。我一丁点别的意思也没有,连想都没有想过。很多男女同学结伴回家,也都是好朋友、好同学啊,根本就没必要疑神疑鬼的嘛。

不过有时候见不到他时,好像又总觉得缺点什么。就因为这事儿,我们一见面就躲得远远的,也不像以前那样友好了。现在放假了,见不到他还真有点思念他,但见了面又怕同学们说闲话。我该怎么办呢?我现在都快愁死了。

我的性格像男孩,文静不足,活泼有余,总爱跟男孩一起玩。踢球,就连我的绰号"亚男"都跟男孩有关。现在,我真是进退两难。不过有时候我也想:走自己的路,让别人去说吧!可是,同学们这样说我俩,我又总觉得自己有些冤枉。

亚男 女生 五年级

 快乐由你

亚男:

到了你现在这个年龄,对异性表现出兴趣是开始进入青春

5. 我们没有谈恋爱

期发育过程中一件很正常的事情。这应该是你身心健康成长的一个标志。如果对异性没有一点好感，那倒反而不正常了，是不符合青少年的正常生理发育特点的。

只要你不认为那是一件坏事，那么，在对待异性同学方面，也就没有那么大的压力了。另外，你还要搞清楚的是，对异性同学这种朦胧的好感并不是有的同学们认为的那种"恋爱关系"，何况，你本身就是那种具有男孩子气质的女孩子。如果你还能以从前的那种心态去和他正常交往，你就不会被折磨得六神无主。

还有哦，而且是最重要的：你不要和一个男孩子玩，而是要和许多男孩子玩，也跟许多女孩子玩，如果是这样，同学的"谣言"就会不攻自破。

有时你也想见他，但见到后又躲得远远的。这样弄得别人莫名其妙，自己也觉得别扭透了。其实，这是一种错误的表达方式，还是见了面大大方方的好。恕我直言，有好感正常，但我认为到了见不着面就思念的程度就该注意了。也就是说，不能再把这种思念的感情发展下去了，因为我们目前的主要任务还是学习。你可以把对异性同学的好感，作为推动你刻苦学习的动力，而不是老为此心事重重而成为困扰你学习的阻力。你说对不对？

心灵甘泉

◎ 有一份距离,才会有一份永不退色的魅力。

◎ 拒绝本来是没有错的,但如果拒绝的方式用得不当就是错。

◎ 要在忧虑毁了你之前,先改掉忧虑的习惯。

◎ 不要让小事使你垂头丧气。

认识我自己

你会和人聊天吗

有时一个人独处时也挺好的。比如心情很不错的时候,可以无人打扰地再回味一下;比如心情糟糕透顶的时候,可以但慢慢地让心平静下来。但如果不让你独处,而是让你挑一个朋友来陪你时,你会选择一个什么样的朋友呢?

A. 一个让我诉说个不停的朋友,而且他还得极有耐心。

5. 我们没有谈恋爱

B．一个品学兼优的朋友。

C．一个可以帮自己出主意的朋友。

D．一个很能理解我的朋友。

分析：

选择A：你实在是太不会和人聊天了，别人也搞不懂你，不知该和你聊什么。建议你和人聊天时，不要直奔主题，而是闲扯一些轻松一些的话题，这样才有利于双方打开话匣子。而且，和别人聊天时，要自信，别让人误解你懒得和人家说话。

选择B：你的朋友太多了，什么类型的朋友都有。朋友和你在一起时，也会感到很开心，总有说不完的话题，而且想到哪聊到哪，不必在意你有什么想法，心理没什么负担。大家都喜欢和你聊天，你也总喜欢满腔热情地陪聊。总之，你的人缘很好哦。

选择C：你的这种性格，防备心理差，容易感情用事，被人利用而受到伤害。你的这种局限性，可能只能交到某一种和你投缘的朋友，但其他类型的人却可能成不了你的朋友。

选择D：你不喜欢占别人的便宜，你给人的感觉是实实在在的。所以，你的朋友有很多，而且大多是与你相互信任的贴心朋友。

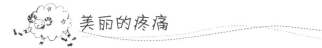

美丽的疼痛

6. 和好朋友绝交总让我心里不踏实

最近,我和我那个形影不离的好朋友陆远舰绝交了。

几天后,我妈没看到他来找我,就非常好奇。她认为从我家里赶都赶不走的陆远舰,还有从他家里叫都叫不回的我,怎么突然之间断了来往。

妈妈笑着问我:"吵架了吧?"

我说:"吵什么吵,我还有好多朋友呢!"语气中明显地流露出了怒气。

妈妈老追问我因为什么事,我可不愿意告诉她。因为我觉得自己长大了,和朋友之间发生了不愉快,应该由自己解决。可是,妈妈那探询的眼睛又老往我的脸上扫来扫去的,真让人不舒服啊。

其实,要说起原因来,还跟我妈有关系呢。我妈在少年宫工作,每到"六一"节,单位总会安排一些大型的、丰富多

彩的游艺活动。上星期,我妈让我把"六一"游园票给陆远舰送去三张。后来,我就问陆远舰"六一"去玩了没有。他说,他想去,可他妈妈不带他去,把票扔了,还说这是什么破玩意儿。我她儿子说他妈没教养,他就生气了,我们就谁也不理谁了。本来就是没教养嘛,好心给她儿子送票,还说那么难听,凭什么?

我们住在一个大院里,又在同一个班里。以前,我们总是结伴回家,一路上快活无比。自从吵了架后,我们就再也没有一起走了。就是上学路上碰到了,也是相互之间送一个白瞪眼,谁也不理谁,埋头向前赶路;放学了,原来多么亲密的朋友,居然怕撞到了一块似的,其中一个总是等另一个走远了,才开始耷拉着脑袋,无精打采地离开校园。

我不知道陆远舰怎么想的,反正我心里别扭极了。觉得每天上学一点意思也没有,反而觉得是一种负担。我多想回到没吵架的时候啊，天天打打闹闹，笑得开心极了。但是，我向你保证，我绝对不会向他先求和的。要是求和的话，也是他来求我，我才觉得自己有面子。

可是……可是……我心里还是很别扭耶！

闷头瓜　男生　四年级

快乐由你

闷头瓜：

你一点也不"闷"耶，居然知道没礼貌就是没教养，最重要的是你还敢于对伤害自己和妈妈的人说"不"，真是不能小瞧你呀。

不过，我认为你也有错。他对你妈妈不礼貌，你就生气，可是，当你说他的妈妈没教养，他当然也会生气呀。你应该有理说理，告诉陆远舰，他妈妈那样做为什么不好，要以理服人，不至于为这事闹矛盾。对不对？

也许，陆远舰的肠子现在也后悔得发青，又不好意思说对不起呢。毕竟你们俩是最好的朋友呀，你当然也可以主动找他

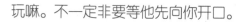

玩嘛。不一定非要等他先向你开口。

如果你心里的疙瘩解开了，可能你还会担心，如果你主动找他说话，他不理你怎么办？这个你放心，小孩子毕竟是小孩子，很天真纯洁的。

"不会的，咱们打赌。"其实，我心里是有把握的。因为小孩子会经常为一丁点儿小事情"怒目相向"，但过不了多久就会"烟消云散"。不相信，就问问你自己，是不是也想和好呀？

和好的办法有很多哦。比如，早晨上学时，装着不经意的样子，悄悄地等着他，然后上前，打声招呼"早上好！"或者在班里，他需要借支笔、借块橡皮什么的，你主动借给他就得了。总之，方法有很多，要做到既不伤自尊，又显得很自然就行了。如果，你主动去找他，他还对你不理不睬的，那就说明，这样小气的朋友也不值得来往了。但是，这种情况几乎不会出现。

在小孩子的成长过程中，在踢球等集体游戏中，同学们都会因为游戏的规则或磕着了自己或碰着了同伴而吵得面红耳赤。其实，这样的争吵也不全是坏事。因为在争吵中，大家都会使出浑身解数，运用自己的思维能力、语言技巧和平等的争论去充分说服对方。在说服对方中，你就学会了申辩自己的主张；在服从对方中，你会感到无理取闹是吃不开的，从而学会了生活中必要的"听取"与"放弃"。在这种"吵了好,好了又吵"的过程中,你们逐渐懂得了相互合作、互相谦让,掌握了处事技能,学会了适应集体生活、正确地处理人际关系、宽容地面对别人。所以,今天的"好好"争吵必然会换来明天的良好涵养。

顺便还夸一下你的妈妈哦,她没有介入你和朋友的"纠纷"中,真是很明智呀。否则,会弄巧成拙的。不过,你遇到问题时,一定要主动告诉爸妈,他们可以帮你想想办法、出出点子嘛。

◉ 吵架是小孩子成长过程中的"必修课"。

◉ 对于大多数人来说,最真挚、最持久的友谊是在童年时代建起的。

◉ 要允许对方解释、道歉和承担应有的责任,要以豁达的胸怀和对方平等交流。

◉ 敢于并善于坚持自己的立场和要求,对他人既不怒形于色,也不苟且屈从;学会在彼此立场中达成必要的妥协。

6. 和好朋友绝交总让我心里不踏实

你的幽默细胞有多少

1. 某一天，天气突然降温，可是你的一位喜欢臭美的女同学还是舍不得换下一套刚买的连衣裙去上学。她冷得哆哆嗦嗦，而你会想都不想地说：

A. 嘿，你白痴啊！（1分）

B. 都快冻死了，还臭美什么呀。（2分）

C. 喂，你是在拍戏吗？（3分）

2. 老师问："上课为什么要专心听讲啊？"你说：

A. 如果不专心听讲，就不会做作业了。（3分）

B. 这还用问吗？（1分）

C. 专心听讲是一种好的学习习惯。（2分）

3. 一同学在参加一项集体活动时，向你悄悄地问道："呀，那些人干吗都看我呀，而且眼神还怪怪的。"你会说：

A. 你今天的发型太漂亮啦！（2分）

B. 你的上衣太引人注目了。（3分）

C. 没有啊，只是你的心理作用。（1分）

4. 一个小孩子说："2乘4等于6。"你会笑这个小孩子：

A. 真笨，这么简单的数学题都不会。（1分）

B. 哈哈，真是天才的回答啊。（2分）

C. 怎么一点脑子也不动？（3分）

5. 考卷发下来，你正好及格。你会说：

A. 真是太好了，居然及格了！（1分）

B. 老师判得太严了。（3分）

C. 咳，这是意料之中的事。（2分）

6. 昨天，我和好朋友吵架了，今天，你见到他后，主动上前和他说话，他却懒得搭理你。这时，你会：

A. 搓搓手，挠挠头皮，假装自己认错了人。（1分）

B. 和他幽默一下：哈哈，干吗这么小气？金口玉言啊！（3分）

C. 鼻子朝天一哼，擦肩而过，也不再理他。（2分）

分析：

12分至18分者：堪称"幽默大师"。由于你的幽默，同学们很愿意和你一起玩哦。继续坚持吧，你这个很有趣的人！

6分至11分者：有些幽默感。聪明、有能力，不感情用事，遇事冷静，这是你的优点。但你有些不太自信，有时又比较傲气。只要你能真心地对待周围的人，让自己彻底放松下来，相信你的谈吐会更幽默一些。

7. 在"夹缝"中艰难生存

放学路上,我总听到六年级的同学在抱怨:"唉,累死我了,语文、数学、英语卷子一套套的,怎么突然就一下子全堆到我们面前来了,像一座座永远也翻不完的山。"

还有的边走边气鼓鼓地踢着路边无辜的小石块儿,说:"昨天晚上,我做作业快做到12点了。唉,害得我今天上课时,头老往桌子上磕,老师都骂我好几次了。她以为我愿意呢?也不想想,我有多难受,想睡不敢睡,不睡又困得睁不开眼!"

说完,他们就会拿眼睛羡慕地撇撇我们:"还是他们舒服,谁让我们是毕业班呢!"

听着这些对话,我心想,这算什么呀?如果他们能到我们五年级二班里体验几天,就知道"题海战争"从我们五年级就开始打响了。

要知道，我们每天的作业都是满天飞。说它满天飞，是因为各科老师，尤其是语文和英语老师总是在喊着："收卷子了！收卷子了！"或者总是在说："发卷子了！发卷子了！"弄得我们一个个连抬头的工夫都没有，往厕所跑的速度都相当于百米冲刺。

唉，虽然我现在还是一个小学五年级的学生，可是我觉得自己承受的压力，已超过六年级学生了，甚至有时超过中学生了。比如学习任务的压力，遇到问题不知所措的压力……

我们的试卷和作业之所以会满天飞，最主要的原因是教我们语文的刘老师和英语的翟老师有矛盾。白痴都看得出来，她们都在暗中较劲，较劲的对象就是我们学生。

自习课上，每当我们学习英语的时候，刘老师就让我们读语文课文，做语文题；每当我们学习语文的时候，翟老师又会让我们写英语单词，读英语对话。

就这样，我们在两位老师的"魔棒"下，晕头转向地把语文和英语书换来换去，其实什么都没有看进去，心思全在偷偷地揣摩老师了。

瞧英语老师来了，就赶紧"叽里咕噜"地读英语；瞅语文老师来了，就赶紧"呜哩哇啦"地读语文。

唉，两位老师这样明争暗斗，拿我们出气，好烦啊！更可

7. 在"夹缝"中艰难生存

怕的是她们生气而又不好发作的时候。每当这个时候，语文老师就恶狠狠地说："把第10—23课的课文抄写两遍。"英语老师也会气哼哼地说："把一到六单元的单词每个抄写10遍……"

就这样，日积月累，发卷子、加作业就成了她们的习惯。真不知道我们应该怎么做，帮这个也不对，帮那个也不对。我真拿不定主意。

苦涩的夹心饼干　男生　五年级

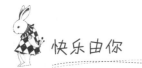 快乐由你

"夹心饼干"：

这笔名取得太妙了，会让我自然想起夹在两块饼干中间的奶油。只不过，那奶油是香甜的，而不是苦涩的哦。

我想，如果你现在手中有一根哈利·波特的魔棒，对语文老师和英语老师，你一定都会帮她们的。

可是……可是，我却认为这应该是帮自己耶。你想想看，

学习是自己的事儿，不管老师怎么着，她们的出发点还是真心想帮我们把学习成绩提上去的嘛。是她们在帮我们，而不是我们在帮她们呢。只不过，她们的方式真的有些不大对头。因为，竞争的目标应该是"双赢"，而不是"俱伤"。

那么"受伤"的我们该怎么帮她们呢？噢！不对，应该说怎么帮我们自己呢？我觉得要和两位老师沟通一下，态度要诚恳，方法要易于接受，不伤老师的面子哦。比如，找几位同学把一天中各自的学习和生活进展情况，列一个非常详细的明细表。表越细越好，最好能把这10分钟干什么了，那10分钟干什么了，当时的心情和效率高不高等都写上。不署名也成，只要让两位老师看见就行。

记住，还要给老师提出一些好的建议啊。我想只要是通情达理的老师，就会调整自己，不从撒气出发，而是从学习的效果出发来布置作业了。还可以找一个合适的时间，比如到办公室里去，趁两位老师都在的时候，把自己和同学们的感受说一说。比如说，老师辛苦了，老师都是为我们好啊，我们非常感谢啊，等等。讲完之后，再给老师提提建议。比如说，算一算一周有几节自习课，帮老师分一下，这节自习复习语文，下次自习就复习英语；今天留的作业以语文为主，明天留的作业以英语为主。并告诉老师，这样做，既可以让同学们学习起来专心致志效率高，也可以减轻老师的负担啊。

我相信，你的这个提议会得到全班同学响应的，也会得到两位老师的理解。

7. 在"夹缝"中艰难生存

- 一个好老师,胜过万本书。
- 人生就要迎接挑战。尝试便是一个美好的开始;不去尝试,怎么能够找到新的机会呢。
- 人之所以是人,是因为人有丰富的思想感情,有着对生活和未来的热爱。
- 让步,其实是一种极其珍贵的情操,是一种大度,是一份豁达,以及好多份智慧与过人的气度。

你会把运动鞋放在哪里

明天有节体育课,你挑好了一双穿着舒服的运动鞋。可是,你担心明天一大早时间紧,怕自己穿错了鞋,你会把鞋放在什么地方?

A．一下床脚就能够得着的地方。

B．大门边，出门的时候，一眼就能看得见，想得起。

C．放在鞋柜那就行。

分析：

选择A：你不喜欢被人管制，喜欢独立自主，可是，又非常在意自己在别人心目中的形象。有些事情，虽然你心里已打定了主意，但你还是喜欢征求一下其他人的意见，让对方觉得自己好有面子。由此，你也获得了好人缘。

选择B：你是一个小可爱，特喜欢依赖别人。同时，你的性格也特好，总让人觉得容易接近，说话也比较中听。具有协调能力，在集体中，你总是一个活跃分子。

选择C：你具有领导才能，有过人的组织能力，做事干脆利索，从不拖泥带水；独立性强，不喜欢依赖别人。但是，性格过于张扬，有时令人不容易接近，也容易让人反感。

7．在"夹缝"中艰难生存

8. 多么希望朋友不要"小心眼儿"

在三、四年级的时候,我有两个非常要好的朋友,一个叫文文,一个叫青青。我们虽然经常发生小摩擦,但大家都能彼此理解。我当时认为她们是我最好的朋友。我们初中一起上,高中也要一起上,甚至大学也要考到一起。但这个梦想太容易破碎了。在五年级上学期发生的一件事,使我和文文、青青的感情发生了巨大的变化。

一天早晨,我踏着轻盈的步子来到了学校。在大门口,我习惯性地回头望望,寻找着文文和青青的影子。咦,她们俩怎么还不来?我有点着急,在门口踱步。几分钟过去了,还不见她们的踪影,我只好独自一人进了校。我一边走一边嘀咕,她们俩今天是怎么了,平时都很准时呀。但当我走进教室时,却大吃一惊，原来，文文和青青早就来了。她们正说说笑笑，仿佛已经忘了我这个等待了一个早上的朋友。我很生气，但强压住内心的怒火，慢慢地朝她们走去。正当我开口问青青时，文文一把拉过青青，两个人边说边笑地走了。我转过身，泪水像断了线的珠子一样掉下来。谁知这时，一个熟悉的声音传进我的耳朵：大傻帽，还以为谁会等她似的。就这样，我们的友谊一天天地破裂了。从此以后，我们快乐嬉戏的场面不见了，取而代之的是相互的冷漠。在我不知缘由的情况下，一段纯洁、美好的友谊夭折了。

后来我才知道，是因为我有一次和彩云聊了一会儿天，还不到五分钟，她们两个人就把我给"抛弃"了。不知为什么，文文和青青总是讨厌彩云，彩云也讨厌她们。事情过后，文文和青青总是不理我，我好说歹说，她们也不吭声。我以为得到了她们的谅解，没想到她们却死死地追问我到底说她们什么坏话了，说出来以后，她们就可以原谅我。我一听，简直不可思议，不到五分钟这么短的时间里能说什么？我又好气又好笑地讲明了事情的原委。她们却说我编故事的才能真好。唉，这就好像一堵墙，你每辩解一个字，这堵墙就会增加一块

8．多么希望朋友不要"小心眼儿"

砖,辩解得越多,墙就越高,一直到顶天为止。可是,我就这样不理她们,那每隔一段时间墙也会自己往上长的。友谊是靠几个人共同维持的,当地上长出砖来了,要几个人一起把它搬走才行,单凭我一个人的力气,是搬不动的。

　　一年过去了,我又有了新的伙伴,但那段夭折的友谊,却时常浮现在我的脑海。正如一位作家所说的那样:青春的友谊有时像水晶,纯洁而易碎。我真的深深感到了友谊的珍贵与朋友的美好。同时,我真的希望文文和青青能心胸开阔一些。人生的童年只有一个,谁会希望上面留有瑕疵?但她们的冷漠却使我难以启齿。我真的希望有人能帮我拾回丢失的那段友谊。我要的是原来的友好相处,其他的我什么都可以不要。

萌芽　女生　六年级

 快乐由你

萌芽：

　　如果两个都是我的好朋友，又都被我气得一个鼻子朝东，一个鼻子朝西，我也会很烦的。你说的对，没有朋友的日子不好过。呵呵，你有朋友的日子也过得不怎么样哦。我仔细地读了你的信，然后，双手托腮，眼睛眨巴了好半天，想过来想过去，我觉得主要责任还是在你这一边。你反省一下自己，是不是和这个朋友快乐地玩时，却冷淡了另一个好朋友的存在？要不，她们怎么都会不约而同地认为你对她们"不忠"呢？

　　不过，文文和青青的确有点"小心眼儿"，就因为她们讨厌彩云，就不愿意你跟彩云聊点天，这也太过分了吧？我觉得朋友越多越开心呀。今天跟这个玩，明天跟那个玩，也可以大家在一起玩，多好啊。试想，如果文文哪一天生病了或者有事没来上学，那青青不就成了"孤家寡人"了吗？所以，你还是坚持自己的想法吧，争取多多的朋友，在一起开开心心地跳跳皮筋、一起玩个成语接龙什么的。

　　不愿让好朋友弃你而去，那就想办法一只手拉一个，一起向前走吧。

8．多么希望朋友不要"小心眼儿"

心灵甘泉

- 会主动欣赏别人优点的人,也是懂得欣赏自己的人。
- 如果一个人想让自己更容易亲近,更有影响力一些,那就把自己最棒的部分表现出来,那就是有创意、会合作。
- 童年是单纯的,像一块白色的画布,有着许许多多的梦想。即使是在浓重的乌云中,依然能抓住金色的阳光。

认识我自己

你会坐在哪个位置

班里要组织圆桌讨论会,大家围坐在一起,准备兴致勃勃地讨论一些问题。如果是以老师为中心,你将会选择坐在哪一个位置?

A. 紧挨着老师坐。

B. 坐在老师的旁边,或者离老师不远不近的。

C. 远离老师和同学。

D. 哪儿不显眼就坐在哪儿。

分析：

你对班集体是个什么态度，你的参与意识强不强，可以从你选择的位置中略窥一斑。也就是说，在进行集体活动时，最能反映出你的微妙心理。

选择A：自我表现欲比较强，干什么事总希望能给别人留下很深的印象，办事的态度也是非常积极的。不错，加油，但需要注意的是别太张扬了哦。

选择B：比较听话，一般情况下不会驳斥别人，是老师和家长的乖乖宝。建议选B的人，遇事时自己可以多拿拿主意。

选择C：对什么事都漠不关心，可是，当大家都不关注他的时候，他遇事又总想逆反一下，以此来引起别人的注意。建议选C的人，最好对什么事多关心一些，多参与一些。

选择D：平时胆子比较小，性格比较内向，不爱说话，而且感到自卑。建议选D的人，在有什么集体活动时，试着让自己往前靠一靠，哪怕不说一句话。时间长了，次数多了，你会觉得，坐在前排，往前凑凑，也没什么了不起嘛。

8. 多么希望朋友不要"小心眼儿"

美丽的疼痛

9. 想让同学还钱，又怕伤了和气

前几天，我们班的同学向我借了10元钱，我爽快地借给了他。他说好第二天就还，可是连续过了七八天，他仿佛把这件事忘记了似的，并没有还我钱。我就提醒了他一下，他说："不就是10元钱吗，着什么急呀？你不会那么抠门，把钱看得那么重吧！"他这么一说，倒让我不知道说什么好了。到现在他还没有还我钱。我现在真的很矛盾，不知应不应该再去提醒他。如果我催他还钱，他肯定会在同学们面前，说我小家子气、特抠门儿；如果不去要，则要损失10元钱。其实，10元钱对我来说不算什么，但如果每个人都像他这样向我借钱，我可就吃不消了。

是顾着面子呢？还是去把钱要回来呢？

一位无奈男孩 四年级

 快乐由你

无奈男孩：

你这个问题太有代表性了！早就有很多类似的烦恼人，向我倾诉他们类似的生活经历。正好，借此机会让我们来探讨一下这个问题吧，然后找到最佳的解决办法，再然后呢，就让这类烦恼离我们远远儿的。

首先我很理解你的"面子"问题。其实，我认为你在顾自己面子的同时，也在照顾他人的面子，这说明你很善良。可是一旦人的善良被没有诚信的人所利用，那么这种善良就不可取了。

就拿这件具体的"10元钱"的事来说吧。如果他真是忘了，经过提醒，正常的反应是很不好意思，而且会很快还给你的；如果借方是拖着故意不还，还说着怪话，那就是品质问题了。虽说用"品质"一词对小学生来说有点重，但这确实属于"诚信"问题。如果小时候养成这种习惯，长大以后，谁还敢和他交往啊。你说对不对？

还有，你完全没有必要怕他在同学面前说你"抠"、"小家子气"。你可以告诉他："你就不怕我在同学面前说你'不守信用'、'没有诚信'、借人钱不还，反倒说人家抠门儿吗？"

　　无奈男孩,还犹豫什么?矛盾什么?赶快行动,索回自己的10元钱吧。不要害怕损失了一个朋友,我想这样的朋友不交也罢。同时,我也借此告诉广大的小朋友们,从小处说,借别人的东西一定要爱惜,而且要记住快借快还,再借不难;从大处说,我们一定要主意"小节"问题,因为它关系到一个人的品质问题。

　　希望你这个无奈男孩尽快解决问题,变成一个阳光小子。

　　◎ 爱占小便宜的心理会让自己变得胸无大志,难以成为

一个有作为的人。

◉ 对别人的物品和钱财应该有一个明确的界限。

◉ 占别人小便宜的"病症",发展到一定程度便会对社会构成危害,以致走向犯罪的道路。道德从某一程度上来讲,是衡量一个人的修养程度的标准。而一个人的修养却决定着他的言行,决定他的道德。

◉ 不要消极地面对别人的拒绝,而要积极面对。如果你的要求落空,把这种拒绝当作一个问题看:自己能不能想出一个更好的解决办法呢?不要听见"不"就打退堂鼓。

 认识我自己

你遇到难题时怎么处理

你的好朋友买了一双溜冰鞋,问你好不好看,可是你不喜欢鞋的款式和颜色。这时,你该如何回答呢?

A. 看他得意的表情就说好看得了。

B. 笑而不答。

C. 爱怎么说就怎么说。

9. 想让同学还钱,又怕伤了和气

D. 婉转地说出心里的看法。

分析：

当你对人或事有看法时，选择处理的办法，往往就是你在处理同学关系时的常用办法。这个小测试，可以让你知道自己人缘好和差的原因。

选择A：说明你是一个以他人为重、不愿意跟人发生冲突的人。但是，因为你不愿说出真心话，所以，与朋友关系只是维持一般关系，而不能发展成为知心朋友。

选择B：你的沉默让人摸不着头脑。因此，想要和人顺利地交往是比较难的。你可以用婉转的方式，坦率地表达你的意见嘛，这样能给人留下诚恳的印象。

选择C：你这种直来直去的说话风格，非常容易得罪人。好人缘是需要技巧来化解矛盾和冲突的。学会婉转表达自己不是虚伪，是和谐的基础哦！

选择D：你总是能冷静、理智和客观地去分析眼前的状况，能够让对方听进去你说的话，又觉得你不会太虚情假意。你的人缘应该比较好的啦！

10. 老和同桌磨擦不断

我现在真的很烦,但不是因为学习的压力而烦,烦的是我们组的英语组长(谁的英语稍好一点,就当组长,四人一组。)。虽然她英语比我们好一点点,有时我们也能超过她,但她总以权势来压人。

比如说,她想去买东西,可自己又不想一个人去,就硬要拉着我陪她去。我不去,她就会生气,就会在我的作业本上施以报复——不管三七二十一,在本子上乱打叉。有时对的地方她也给打个叉。我找她说理,并让她改过来,她不仅不听反而更生气。没有办法,只能去找老师,老师也说过她几次,她还是老样子。

我们组有的同学英语不好,老巴结她。见到这种情况我就生气。自己的英语不好,就要更努力地学习,争取超过她,为什么要巴结她呢?巴结一次两次还可以,可是,当她生气的时

候,你怎么巴结?我才不巴结她呢!自己的水平什么样自己知道,只要会默写英语单词,会背英语课文,我就不怕她找碴儿。

最惨的是,最近老师又把我们调到了一起。有一回,她挨着墙,我坐在边上,不过我也没有挤她。做着作业时,她对我说:你看你那边地方那么大,还有一条小道,你把胳膊搭下去,往那边靠靠不行吗?等到我换到了里边,她换到了边上坐时,她还是照样挤我。我也曾对她说过这样的话,可她根本听不进去。

还有,她上课总是趁我不注意拍我、招我、捅我……我都忍不过去了,可是如果她总是这样,我想我会忍不住跟她辩理的。

好了,我告诉你,这可是英语课上写的,就此搁笔。"老英"的利眼,准能把我抓住。

冷冰雪　女生　五年级

 快乐由你

亲爱的"冷冰雪":

其实,对于她对你的不讲道理的刁难,你已经做得很好了,你很会保护自己的。比如,你将这种情况告诉了老师,尽管老师说她后她并没有改掉;比如"我才不巴结她呢!自己的水平什么样自己知道,只要会默写英语单词,会背英语课文,我就不怕她找碴儿"。如果她还继续这样刁难你,把你做对的题也故意打上叉,你也可以直接找她,面对面地好好谈一次,看她到底因为什么对你这样儿。交流与沟通有时是很管用的好办法。

还有一种情况就是,如果你的英语成绩比她好,对的比她多,老师曾表扬过你,那么,你很有可能让英语组长产生了妒忌心理。如果是因为这个被人找碴儿,其实是一件好事儿啊。这说明你身上肯定有很多东西比她优秀,她羡慕你了,妒忌你了。如果她的所为没有超过一定的度,这种嫉妒心理也是很正常的。只要你睁大眼睛,直视她的眼睛,用你的眼神告诉她,你看不起她,你蔑视她,就能镇住她了;如果你已经达到了忍耐的极限,就让你的妈妈找老师谈一谈吧,这样会足以引起老师的注意的,这也不失为一个办法。但讲情况时一定要实事求是,否则只会让状况变得更糟。

10. 老和同桌磨擦不断

不过顺便给你提个醒儿,有时候还要检讨一下自己,看看自己是不是有点春风得意,有点过于张扬了。如果是这样,那就尽量让自己收敛一下,保持低调,不卑不亢。

◉ 对付一般人与人之间的挑衅或不大友好的言行,多一些幽默感,用开玩笑的口气反弹回去,往往是化"敌"为友、大事化小、小事化无的最有效方法。

◉ 小孩子间的欺负也不一定是开玩笑(尤其已经小学五年级了),相反很多是心智不成熟下对其他孩子的无意伤害。长期在这种不友好的氛围下生活,绝对不会有好心情去学习,性格也只会愈加内向,甚至影响到一生。

◉ 除了懂得宽容和坚强之外,还要懂得在什么情况下才算宽容和坚强,这样才有益于问题的解决。

 认识我自己

面对棘手的事情时

以下八道心理素质测试题,每题只能作出一个选择,然后根据括号内的分数累加起来,看看总分是多少,就能大致了解你应对棘手事情的能力了。

1. 你踢球时把球踢到旁边一个同学的脑袋上了,这位同学知道你急着要球,却故意抱着球不还,这时你——

    a. 急得满头大汗,不知怎么办才好

    b. 十分友好地、平静地向他道歉

    c. 爱给不给,不作任何解释

2. 在班级元旦联欢会上,你没料到被邀请发言,在毫无准备的情况下,你——

    a. 双手发抖,结结巴巴说不出话来

    b. 感到很荣幸,客气地讲了几句

    c. 态度淡漠,摆摆手拒绝了

3. 你在商场好不容易挑好了一件衣服,到收银台去结账,你忽然发现身上带的钱不够,此刻,你会——

    a. 感到很丢人,脸涨得通红

    b. 拍一下脑袋,马上对收银员实话实说

10. 老和同桌磨擦不断

c. 在身上东摸西摸，拖延时间，假装忘了带钱似的

4. 假如你乘坐公共汽车时忘了买票，被人查到，你的反应是——

a. 吓得要死

b. 不慌不忙地向人解释，并赶紧补上

c. 强迫自己挤出笑容来，等待处理

5. 当你登上山顶，欣赏完美丽的风景后，乘坐缆车下山下到一半时，突然缆车不动了，被吊在半空中的你会——

a. 吓得要死，觉得这次肯定活不成了

b. 一开始非常恐惧，但很快镇定下来想办法

c. 非常镇定，相信一定会有工作人员来营救的

6. 大街上，有人自称是你幼儿园时的玩伴，但你一点印象也没有，这时，你会——

a. 照样走自己的路，根本不理他

b. 对不起，我不认识你

c. 装着没听见，小声地骂一句"神经病"。

7. 在学校小卖部里，你和同学一边说说笑笑，一边准备买一支笔。当你拿着笔走出小卖部时，突然店主在背后冲你大叫："买笔的那个小孩子，还没给钱呢？"此时，你会怎么办？

a. 心很慌乱，不知该怎么办。承认吧，怕人家以为我是假装忘掉的，不承认吧，自己想起来了，的确没给钱

b. 向店主说：对不起，挑玩就走，忘了给钱了

c. 向店主说：哎呀，我也想起来了，所以，也正要跑回来给你钱呢

8. 假设春节前坐火车，工作人员要求你打开行李箱安全检查，这时你会——

a. 感到害怕，两手发抖

b. 泰然自若，听凭检查

c. 与工作人员争辩，拒绝检查

分析：

说明：选a计0分；选b计5分；选c计2分。

0至25分，说明你应对棘手事情的能力比较差，脸色苍白，冷汗都出来了。越是这样，你真不知道怎么办才好，还不如抱着豁出去的态度，让自己冷静下来。

25分至32分，说明你应对棘手事情的能力比较强，遇到突发事情时，比较镇定，也不会害怕得要命，但是，从整体上看，你处理问题时，能逃避就逃避，不想花更多的心思去处理问题。

32至40分，说明你应对棘手事情的能力很好，几乎没有难得倒你的事情。所以，自信的你，在遇到难题时，你总是处惊不变，从容不迫，对周围的人也起到安抚的作用。

10. 老和同桌磨擦不断

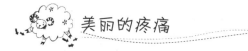 美丽的疼痛

11. 我冤枉啊

现在,我有一件特委屈的事情要向你说。上个星期,坐在我左边的同桌对我说她的手表丢了。

当时我真替她着急啊,桌上桌下找遍了也没找到。于是,我说:"你再找找。"她说:"什么地方都找遍了也没有找到。"

我说:"你是不是忘在家里了?"

问完,我们就各干各的事了。

中午,我的同桌去找老师改作业了。这时候,坐在座位上的我,想从装饭盒的兜里,拿出水壶来喝水。谁知,水壶刚拿出来,我就看见了同桌的手表在我的饭兜里。

"啊,这家伙原来在这里。"拿出手表,我替同桌一阵暗喜。正高兴时,同桌回来了,我就把手表递给她说:"你的手表掉到我的饭兜里了,给你。"同桌也非常高兴,就把表接

了过去,并对我说:"谢谢!"

她的表掉到我的饭兜里并不奇怪,因为我的饭兜经常放在我们俩座位中间的空当里。可是,坐在我同桌左边的男生李凯却打开了他的话匣子。他对我的同桌说:"别听他的,是他偷的。"

虽然我有时会把同桌的橡皮、尺子或自动笔什么的藏起来逗她玩儿,但我绝对没有偷过她一件东西呀。于是我争辩道:"不是我偷的。我也是刚刚才看见的!"可是李凯却变本加厉地说:"就是你偷的,你还不承认!"

这时候,同桌也用异样的目光盯着我,我从这目光中看出了怀疑的神色。

我就生气地对同桌说:"你和李凯爱信不信吧,反正不是我拿的,我也不知道怎么就在我的饭兜里。难道我看见后就不该还给你吗?"说完,我又埋头写作业。

听了我的话后,我同桌的脸上流露出一丝愧疚,而李凯也不说话了。

　　事情到此就应该结束了，可是过了一小会儿，李凯却又在旁边嘟嘟囔囔："就是你偷的，就是你偷的，就是你偷的……"

　　听着他的话，我虽然装作没听见，虽然装着不在乎，可是，我的心里却很不是滋味。李凯为什么老无缘无故地冤枉我？其实，我并不是打不过他。我好几次都想站起来揍他一顿，可一想，又不愿和他计较。

　　我不跟他计较，他却老是找我的碴儿，我该怎么向同桌和李凯讨回自己的清白呢？

欧阳逍遥　男生　四年级

 快乐由你

欧阳逍遥：

读着你的来信，我跟你一样，心里也不是个滋味。同时，我又特别佩服你，因为你在被误解的情况下，不跟"那个"同学计较，真的很有男子汉的气度。

其实，在生活中，碰巧的事有很多。俗话说"无巧不成书"，而"书"里的故事也大多是从生活中来的嘛。

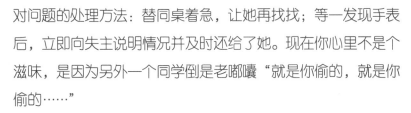

对整个事件你描述得很清楚，而且我也非常赞同你对问题的处理方法：替同桌着急，让她再找找；等一发现手表后，立即向失主说明情况并及时还给了她。现在你心里不是个滋味，是因为另外一个同学倒是老嘟囔"就是你偷的，就是你偷的……"

这也实在让人难受。

还好，你的同桌表现也不错，不仅没有误解你，而且还礼貌地向你道谢了。这一点同学间的信任非常重要，毕竟丢表的人是她。

虽然你打得过那个说你偷表的人，但你又不愿打，这做得

非常对。有时武力的确解决不了问题。

你问："我该怎么向同桌和李凯讨回自己的清白呢？"下面的办法你可以试一试：

当李凯再不顾及你的情绪，还嘟囔着说"就是你偷的，就是你偷的"时，你不妨请你的同桌出面严肃地告诉李凯："不要再瞎说了，这会伤害人的！"你说过"同桌脸上有一丝愧疚之情"，所以，请你同桌出来说句公道话是非常有效的。如果这种方法不管用，那位同学仍旧在伤害你，或者你同桌也相信李凯的话，那就拉上他和你的同桌去找老师，请老师出面。毕竟谁也不愿背上什么黑锅。

相信你能处理好这件事情的：能让他们消除对你的误解，然后大家仍然是非常好的朋友。

◉ 伤害是一支长着毒刺的利箭，虽然凶狠毒辣、痛苦难忍，但只要默默承受，总有一天，这支利箭就会反弹回去，给射箭者造成更严重的伤害。

◉ 要有自信心，要学会自我控制。如果只把希望寄托在别人身上，那么，就可能使你处于被动地位，也可能成为环境的牺牲品。

⊙ 生活之所以不美满，最基本的原因往往都是一些小事。

⊙ 生气，就是用别人的过错来惩罚自己的蠢行。

 认识我自己

你会打肿脸充胖子吗

你准备和爸妈要回老家看爷爷奶奶了。可是最心爱的宠物猫要托人照顾才行。这只小猫的脾气不太好，又怕生，你会将它托给谁照顾呢？

A．你最好的伙伴

B．本市中的亲戚

C．为了小猫，都不去奶奶家了

D．花钱雇人看管

E．朋友的朋友

11．我冤枉啊

分析：

选择A：在与朋友的互助上，你算是掌握得比较好的人。如果朋友有求于你，你会根据自己的能力，然后采取适当的答复。不会拒人于千里之外，也不会打肿脸充胖子。如果有些事情你做不到，你会干脆拒绝朋友或是对外寻求援助。

选择B：会把宠物托给自己亲戚的人，一般很看重亲情，如果对方需要你帮忙时，你会尽可能地伸出援助之手的。这样虽然有时会自找麻烦，不过你觉得亲戚之间不必计较太多，能帮就帮。

选择C：你一不小心就会变成冤大头！因为你不懂得拒绝别人，也不懂得与人计较，就算吃亏都不会耿耿于怀。不过，你的善良常常会被别人利用，而你却毫不知情。

选择D：你是一个理智型的人，很少感情用事，就是朋友请你帮忙，你也会冷静地分析一下自己的能力，然后才能给予答复。这样做也有弱点，那就是反应得不及时，给人有点冷漠的印象。不过，最后，你总是做出让大家都满意的决定来，从这点上看，还是很不错的。

选择E：你是个自我中心主义者，有点任性、自私。建议你对人热情一些，热诚一些，多为别人着想一些。不久，你就会发现自己的人缘其实也蛮不错的。

12. 我心里压着块大石头

这两天，我总是气不顺，都是因为我们班的张京。那天他上课说话，我告诉了老师。下午放学后，他截住我、威胁我，问我为什么管闲事。见我哭了，他才放我走。这不分明欺负人吗？怎么办？告诉老师吧，不行，那样更会给我颜色看了。可是，我那眼泪也不能白流啊！我要让他付出代价！

终于，机会来了……

张京，这回有你好瞧的了！

星期日中午，我趁家人睡午觉的时候，拿起一个布袋子就偷偷地溜了出来，直奔村外的麦地。这正是春夏相接的季节，小麦已经尺把高了。我见四处无人，就将麦苗连根拔起，一把、两把……就这样，三下五除二，不一会儿工夫，我身边已经有了一小堆麦苗了。我把它们一股脑儿全塞进袋子里，一溜烟地跑到张京家门口。啊，真是天助我也，铁将军把门儿！再

看看四周，一个人影儿也没有。我心里那个乐呀，哈哈！张京，你受苦的日子到了。我从袋子中掏出麦苗，从墙外扔了进去……

回家的路上，我仿佛看到了张京爸爸拿起麦苗向张京大吼的样子，仿佛听到了他爸爸给他"五指扇"的声音。真过瘾！告诉你，张京的爸爸可是个正宗的农民，他惜苗如命。有一次，张京拔了一棵禾苗，就一棵！他爸爸知道了，就狠狠地打了他一顿。今天，他爸爸要是看到院子里有那么多的麦苗，还不把他给"吃了"？

第二天来到班上，张京果然一脸不高兴，腿还一瘸一拐的。我忙迎上去假惺惺地问："张京，你怎么了？"他看看我，眉头皱得更紧了，脸上的表情也更难看了。

"昨天不知道哪个缺德鬼往我家院子里扔了好多麦苗，我爸爸回来看见了，非说是我干的。我不承认，他就狠狠打了我一顿。"

同学们纷纷围过来："张京没事吧，会是谁这么讨厌呢？真缺德！"

听着同学们的议论，看着张京含着泪、痛苦的样子，我那幸灾乐祸的劲早已飞到九霄云外去了。是啊，自己做得太过分了，他固然有不对的地方，可我这个班长也太不光明磊落了，自己不能帮助同学改正缺点，反而干起见不得人的事来。唉……

　　碍于面子，当时，我没有说出真相，但是，我知道我不该这样做。事后，我几次想向他赔礼道歉，但当站在他面前时，却怎么也张不开嘴。

　　新学期开学，张京没有来上学，听老师说他转到城里去读书了。我这道歉的话什么时候才能说出来呢？每当想起这件事，心里就像压着一块大石头。唉，它成了我的一桩心事儿，闷得慌，只想说出来让自己轻松一下。

钱程　女生　四年级

快乐由你

钱程：

　　将自己的心事说出来了，是不是舒服多了？轻松多了？我想肯定是的。其实，你的心事就是张不开口向人道歉，还忽略了起因：向老师打小报告，我想，如果这个问题解决不好的话，以后你还会遇到类似的麻烦的。我知道很多同学都很讨

厌打小报告的人，尤其是班干部。对了，你是一个班长！

其实，在我们眼中，男孩子常犯一些小错误，他们自己却不以为然，即使告到老师那儿，老师也是睁一只眼闭一只眼的。所以对待张京上课爱说话、说的什么话等问题，都可以由任课老师来解决。如果你真看不顺眼，课下，你也可以真诚地找他聊聊，把自己的感受告诉他，要真诚地帮助他。本来可以自己解决的问题，你却去告诉老师，张京当然特烦啦，这样还会降低自己在同学面前的威信。

当然，张京也不够豪爽、大度啦！

你"报复"张京的方法我倒没太在意，我想那只是小孩子的一个恶作剧而已，何况，你也为此付出了心理上的代价了，对不对？在这里，我倒认为你对那些无辜的小麦苗没有一点"怜悯心"，这太意外了！一方面，它们是有生命的，另一方面，他们也是农民伯伯辛辛苦苦的劳动成果呀。张京爸爸为此对张京大打出手，可见他是多么心疼那些麦苗呀，而你却对它们"单挑一条线，横扫一大片"，太过分了吧。

好了好了，朋友就是朋友，说了一大堆你的不是，但你千万要琢磨琢磨，我说的是不是这个理儿？"良言苦口利于行"嘛。

◉ 很多时候，让别人看清自己，比自己看清楚别人更重要。

◉ 要学会不断擦拭自己的心灵，为自己的心灵除尘。做人当自省，面对是非恩怨，应当从检点自己开始。

◉ 不要常常计较环境的好与坏，要注意内心的力量与宽容，这是非常重要的。

谁是你的"天敌"

如果你有机会见到各个领域的名人，如果你还有一次机会和自己崇拜的名人合影签名，你会找下列哪一位呢？

A. 自己的偶像明星

B. 平时只有在电视上才能见到的大领导

12. 我心里压着块大石头

C．不断接受采访的商业成功人士

D．著名的文学家

分析：

选择A：你喜欢往热闹的地方钻，也喜欢听好听的话。但是，如果听得夸奖多了，你就会有飘飘然的感觉，然后就会忘掉场合、身份而想到哪说到哪，想说什么就说什么，一点也不顾忌别人的感受。所以，建议你不要被夸晕了，而迷失了自己。

选择B：你这个人什么事都好商量，只要和颜悦色地和你讨论，很快就能把你搞定。如果你要碰到一个直来直去的人，总是当面说你的小毛病，让你当众难堪不给你留一点情面，这实在是太糟糕了。这种人也实在挺招人烦的，可是你也对他记恨在心的。

选择C：你虽然喜欢和各种人交朋友，但是，一旦遇到那种三心二意、犹豫不决的人，你也会马上逃之夭夭的。你喜欢事先约定好，一切都照计划进行。如果有人半途又说要退出，你会很生气，但是，看着对方无辜的样子，你又不好意思发脾气。遇上这样的人，你只好摇摇头，拿他没办法了。

选择D：你是个自由惯了的人，实在受不了别人紧盯着你的一举一动，所以你的克星就是爱唠叨、爱管你的人。最麻烦的是，这类盯着你的人还记性超强，每次都能将往日的过错一条一条拿出来从头数落起。

13. 怎样当好数学课代表呀

我这个学期当上了数学课代表,虽然这并不是什么稀罕事,但对于外表柔弱、内心多愁善感的我来说,可比吃了蜜枣还甜。我以前从来没当过任何班干部,或组长什么的,现在终于当上了,你说我能不高兴、能不开心吗?

可没想到,这却是灾难的开始。

数学课的作业是相当多的,那些平时不想做作业、但又怕被扣分的懒虫,都把视线放到我身上。有些人乘我不在或没来学校之前,神不知鬼不觉地把交到我桌面上的作业拿走,有时候一下子少了一大半之多。没交作业的被登记了,交了作业又被他们拿去"看"的,也被登记了。交作业的对我有意见,抄作业的也对我有意见。同学们

都怨我，说我没有领导能力，说我没有威信。几次与这些懒虫们对抗，但最终都是我输。我曾向老师辞职，但老师总是劝我说，过一段时间就好了。

如今的我心事重重，班里有许多同学与我过不去，找我的麻烦。有很多男生整天故意找我的碴儿（有时异性喜欢也是这种表达方式耶）。我这个弱女子哪经得起他们的这种折磨啊，都快疯掉了，以至于学习成绩大跌，让班主任十分失望。

该怎么对付这群懒虫，当好这个梦寐以求的课代表呢？

小雪　女生　五年级

 快乐由你

小雪：

　　威信的确立不是靠"强"建立的，心平气和才能驾驭他人，对抗只能使你越来越被动。

你处处强调自己"柔弱",那我们就来个"以柔克刚"如何?

你要有责任心,每天要来早一点点,"保护"好那些已交上来的作业,让想抄作业的"懒虫"无机可乘。

必要时可以请老师出面,让老师在班上不断强调抄作业的可耻,从而形成良好的班风。但这并不意味着老师要处处帮你,别忘了你才是老师的小帮手哦。所以,遇到问题时,要了解清楚情况,能自己解决的最好自己解决,决不打小报告。同时,你也不能抓住同学的弱点,拼命地说人家哦,这样只会伤人自尊,而激起他们的反抗。当然,你也不能在棘手的事情面前,表现出"柔弱"的样子,而是要表现出乐观和自信。

你必须要求自己的作业在老师要求的时间内完成,必须让自己在本科目出类拔萃,这可是你直通罗马的阳光大道哦。因为只有自己学习成绩过硬,你才有资格为大家服务嘛。

要有吃苦耐劳的精神,愿意为同学们服务。

13. 怎样当好数学课代表呀

当有人试图跟你要作业抄时,你要真诚地去帮助他,而不是抓住人家的弱点讽刺人;要有坚持不懈的精神,同学问久了,你也要显得很积极热情。让周围同学感觉到你是有影响力的,同时也让问问题的人觉得自在、不伤自尊。

只有你待人心平气和,而不是"对抗"、"对付",你才有可能赢得尊重,从而驾驭住那一帮"懒虫"。

当然,课代表要有课代表的风度哦,比如,对同学要平易近人,让同学干什么事时,态度和气,而不是用命令式的语气或对同学指手画脚,那不换来同学的白眼才怪呢。

当好老师的小助手不容易,当个好助手就更不容易了。课代表做得"怨声一片",你首先要从自己身上找找原因,然后重新开始把该做的事情——去做完做好。这才是最好的解决办法,懦夫和逃兵才动不动就去找老师辞职呢。

记住,"柔弱"不等于"懦夫",不还有"柔中带刚"、"以柔克刚"这些成语时常在勉励我们吗?

◉ 多一点奉献精神,少一些私心杂念,将使你领悟到天

地之宽。

◉ 人人都应主动地忘记过去的失败和痛苦，轻松地面对再次考验，充分地享受生活所赋予的各种乐趣，使整个心灵沉浸在一种悠闲无虑的宁静中。

◉ 多一只眼睛看世界，打破常规，向你所接触的事物的相反方向看一看，遇事反过来想一想，在侧向——逆向——顺向之间多找些原因，多问些为什么，多几个反复，你就会多一些处理问题的思路。

◉ 一个人能够不断积累处理日常小事、琐事的经验，实质上就是在为成就大事铺平道路。在这个意义上说，杰出人物与普通人之间，也只有毫厘之差。

 认识我自己

你是当班干部的"料"吗

许多同学都希望当上班干部，能有机会练练自己的管理和组织能力，这实在是一件值得支持的事情。可是，要想当一个好班干部，可不容易啊。你是否适合当班干部？你有多少管

13. 怎样当好数学课代表呀

理潜力？下列测验可帮助你了解自己是否是一块当班干部的"料"。

1. 你喜欢确立目标，并为实现此目标而制定长期计划和短期计划吗？

2. 在大型或小型的活动中，没有班主任或者其他老师的帮助，你能主动地、很好地做好分工协作的工作吗？

3. 对于自己该完成的任务，你能否独立完成，并且做得很不错吗？

4. 当你与朋友们在一起，做出一个决定时，他们最终会听你的意见吗？

5. 寒暑假时，你是否愿意找点机会赚点零花钱吗？

6. 如果你对某件事很感兴趣，你能否专注地做上几个小时，甚至几天？

7. 对不太明白的问题，你是否有查阅资料并按顺序保存好资料的习惯？

8. 在日常生活中，你是否喜欢热情地为大家服务，积极组织班级活动？是否经常关注同学的需要？

9. 不管擅长与否，你是否对音乐、体育、手工等兴趣班充满乐趣？

10. 一年中，你能否举办一场由你独立策划的大型活动，并能带动同学一起很成功地完成它？比如班级范围或者全校范围内的各种赛事。

12. 你喜欢井井有条地整理自己的学习用品吗？

13. 当你看到老师或其他同学的做法不合适时，是否会婉转指出，并提出合情合理的建议？

14．当你寻求帮助时，能否大大方方地提出，并说服对方来帮助你？

15．在组织大大小小的活动时，你的言谈举止充满自信吗？

16．当老师交给你一项非常重要的工作时，你能否很快地去认真执行，而不是拖泥带水，或者应付了事？

17．当和同学有约时，你是否能准时赶到？

18．当处在一个非常吵闹的环境做作业时，你能否想出一个办法来，让自己依然能高效率地学习？

19．你的朋友以喜欢学习，很会玩，有主见，对人很爽快的居多吗？

20．日常生活中，尤其是在各种活动中，你很容易被人关注吗？

21．你喜欢理财，并自认为是一个理财高手吗？

22．你总希望自己能考得第一名吗？会不惜一切，包括放弃各种娱乐和集体活动去玩命学习吗？高分数对你重要吗？

23．你是否能很好地配合班主任的工作，并且能独自挑班级的大梁吗？

24．和同学聊天或者谈心时，你能不能做到耐心细致？

25．你是否抓住一切机会，充分表现自己，让许多人一下子记住你？

13．怎样当好数学课代表呀

分析：

以上答案答"是"计1分，答"否"则不计分，请统计你所得的分数，并参照下列答案。

0至5分：你目前不太适合去做班干部，建议你脑子里先想着怎么去为大家着想，并想出好办法来帮助大家解决问题。

6至10分：你暂时还不能独立完成班干部的工作，得有班主任老师的亲自指点。

11至15分：你是一块很不错的、当班干部的料啊。不过，你也得经常反省自己，发现自己的问题并不断地纠正它们，这样才能变得越来越成熟。

16至20分：你有当好班干部的潜力，所以，虽然一开始你还不能独自挑大梁，但你可以从小事做起，慢慢磨炼自己，渐渐地摸索与人友好相处的经验，一旦这些积累达到一定量的时候，你就是一个很不错的班干部了。

21至25分：你有当个好班干部的无限潜力。成绩优秀，习惯良好，策划组织能力非常强，所以，一有机会，你就可以好好表现自己，抓住机遇，那样肯定能成为一名很受人欢迎的班干部了。

14. 拒绝了朋友的和好

我和小樱是好朋友，不过有时候在学习上意见不统一，或者我不屑于她崇拜的偶像时，她就不高兴了。她总想让我什么都听她的。

有一次做数学题时，遇上一道应用题，我说应该这样做，她说应该那样做，最后她争不过我时，就干脆两天没有理我。没办法，我只好找她道歉，她才算消了气。还有一次，班上的女同学凑在一起，对一位韩国明星评头论足时，我贬低了那位明星两句，她当时就气得拿眼睛瞪我，然后用脚踢开凳子，跑掉了。虽然我觉得我没有错，但为了友谊，我又一次主动找她道歉才算和好。

这些我还都可以容忍。然而这几次单元测验，每次考试分数我都超过了她，惹得她极不高兴，一天到晚对我爱理不理的。像这种情况，我总不能找她说"对不起，我不应该比你考得多"吧。我没道歉。但我却几次躲在被窝里哭得惊天动地，足可以把喜马拉雅山化为平地了。

前几次，分明是她的错，我也低声下气地说"对不起"了，但这次我决定不说了。最后她终于憋不住了，下课时让人带给我一个纸条。我心中暗喜，心想，这次她可能知道是自己太过分了，后悔了吧。谁知道展开一看，纸条上写着："对不起，我们一年来的友谊在今天就断了吧！从这以后，你就是你，我就是我。"我这次真的有点生气了，心想，断就断了吧，谁怕谁呀。

于是，我把纸条撕了，扔到了垃圾篓里。结果，到了快要上课时，她又给我一张字条，纸条上说："我刚才提的断交，是因为我太生气了，把我们以前的友谊都给忘了。现在，我们还能再好起来吗？"落款是"你曾经亲密无间的好朋友"。

我歪着脑袋想了想，这次就给她回了一张纸条，纸条上写的可不是"同意和好"，而是："你以为我是想甩就甩、想好就好的人吗？以后我们就不要做朋友了吧！"

现在，我把全班的同学当成朋友，对她也是，只不过不是好朋友罢了。虽然我仍希望与她成为好友，但我决不道歉，也绝不主动求和。拖下去吧，看"时间"如何解决这个问题。

我想问一问你，我这样做对吗？你能开导开导我吗？为什么她想甩我就甩我，想跟我和好就跟我和好？我真的不明白。

笨笨羊　女生　11岁

 快乐由你

"笨笨羊":

其实你一点也不笨嘛,很重朋友感情,对朋友很宽容,总是主动找朋友和好,这都说明你是一个比较大气的女孩子。

的确,友谊出现了裂痕,对女孩子们来说可不是件小事。比如你,每次和朋友发生矛盾之后,你都会自责,经常想着用什么方法主动跟朋友和解。虽然这次闹别扭后,你下决心不主动找她道歉,但是,你其实心里还是想和她和好啦。这很影响你的学习和生活的,我都替你苦恼了。"时间"不仅解决不了你们之间的烦恼,而且还会加重你们之间的烦恼的。

拒绝朋友的"求和",你问这样做对吗?我觉得对,又觉得不对。对的是你宽容大度,重友谊,当友谊出现裂缝的时候,你主动去弥补;不对的是,"主动示好"的方法不对。如果不是你的错,你即使跟她主动和好,也用不着跟她说道歉的话啊,这样还显得你没有主见似的,而且还助长了好朋友的"坏脾气"。其实,你可以告

14. 拒绝了朋友的和好

诉她，学习上的交流与争论太正常了，没必要为此生气，都是为了探讨学习嘛；至于偶像问题那更是"萝卜白菜，各有所爱"了，没必要她喜欢谁，好朋友也必须喜欢谁，为这样的小事伤了和气实在不值。

其实你的这个朋友也满可爱的，可能她觉得跟你的关系很"铁"、很"磁"，才会对你耍点小性子吧。遇上什么不开心的事后，就说断绝关系，一会儿心情好了以后又想和你"好起来"。你呢，就善待对方的小性子吧。事后，你可以跟她讲道理，还要提醒她千万不要习惯嫉妒，因为它是友谊的"天敌"，它的出现只能断送友谊。你们应该携起手来，比着进步，实现"双赢"。

记住，"时间"是解决不了你们之间的烦恼的，因为实际行动本身就要比胡思乱想浪费时间有效多了。

⊙ 当你关心别人，为别人着想，给别人带来快乐时，你也会感到快乐。

⊙ 适度的信任，是友谊的催化剂、润滑油，不但能令他人感到温暖，而且也能令自己显得自信、大度、有涵养。

◉ 时间是检验友谊的标尺。如果能长期保持同学间的友谊，说明你心理、性格都比较稳定，而且为人比较宽容；如果兴趣相投才维持友谊，说明你比较理智，但并不随和，因此，友谊并不牢固。如果朋友之间相处的时间都不长，说明你从来就没有获得真正的友谊，并在思想情感上尚不能与人坦诚相见。

第一印象很重要

与一个陌生人见面时，你会看对方身体的哪个部位？这非常重要，它决定着你能否被对方牢牢地记住，或者被对方看一眼就很快忘掉。

A．一见面就直接看对方的眼睛。

B．从上到下将对方打量一下。

C．只看对方的小腿以下的部位

D．低着头看自己的脚尖，或者目光从对方的肩膀穿过

14．拒绝了朋友的和好

去，看对方身后远处的东西。

分析：

选择A：你很自信哦，但是，你也不能老盯着人家的眼睛啊，会显得不礼貌的，会让人很难受的，最好间隔一会儿时间，就把目光挪开一下。否则，人家只会记住你的目光咄咄逼人，对你的好感全跑掉了。

选择B：你给人的感觉会很温和，很沉稳，你的目光看人时，会让人很舒服，也很有礼貌，初次见面，你给人留下的印象应该是很好的。继续保持。

选择C：用这种眼光看人，会让对方很不适应的，对方会不知所措，而且会心想这个人太没礼貌了，真是烦人，真不想和这样的人打交道。这么一来，你留给人的当然是不太好的印象了。建议你向选A和B的人学学，观察他们是如何看人的。

选择D：你给人的感觉是很羞怯的，一点都不自信，连人都不敢看，对方都不知道该怎么和你交流了。你得赶紧变得落落大方哦，要不，好机会就会从你身边悄悄溜走了，而且你也很难融到集体中去。

美丽的疼痛

15. 我们的"老板"管得宽

唉,我的烦恼多了去了,尤其是烦我们"老板"(班主任)。在这个班级里,真是一点自由也没有,"老板"什么事都管。在学校里和别班的好朋友一起玩儿,一起说说话,是很平常的事儿,可是,"老板"却下了禁令,只要是被"老板"逮到,或者是被同学检举出哪一个同学和别班的同学一起玩儿,那么,这个同学可就有"享受"的了。

这么死板的老师对于那些交笔友的同学就更不用说了。我就被他逮住过,还被他狠狠地训了一顿。没办法,我这个人一有点儿事,不管是快乐还是不快乐,我总想找人倾诉一下,不然,我会被憋死的。

再就是男生和女生的关系。我跟几个男生都是好朋友,平时逃避"老板"和同学的眼光时,和他们开开玩笑挺快乐的。可是,最近,我发现我喜欢上了他们其中的一个男生。他长

得挺帅。跟他说吧，又怕他不喜欢我。我很烦恼，怕我们之间的友谊也毁了。不说吧，憋在心里又很难受。真的不知道该怎么办。最重要的是，我的这点小心事儿，如果被"老板"知道了，或者被同学发现后告诉了"老板"，那我可就惨喽。

小蝌蚪　女生　六年级

 快乐由你

可爱的"小蝌蚪"：

你说你的班主任对什么事都管，甚至不让你们跟别班的

同学成为好朋友，不让你们在一起玩儿，我觉得这是有点过分了。本来，大家广交朋友、互相取长补短是挺好的嘛。看来，你们同学应该找这个老板好好谈一谈了。不过，一定要谈得有理有据，而不是跟老师闹别扭哦。这样，老师才会听得进你们的意见。

不过，话又说回来，如果要是你误解了老师的意思呢（在信中，你也没有说出一两件具体的事情来，所以，我也只好有如此的想法哦）？比如，有的同学爱在一起说别的人"坏话"，不利于同学之间的团结；比如，因为不同班级的同学来往得过于亲密，以至于影响了按时上课，影响了学习；比如结交了一些品行不怎么样的朋友……当然，如果确实因为这些类型的原因，那你不用找班主任谈了，因为不说你也知道该怎么做了。

你提的最后一个问题是：喜欢上了他们其中的一个男生……跟他说，怕毁了彼此的友谊，不说吧，憋在心里又很难受，真的不知该怎么办了。

一看你这个问题，我就想刮刮你的鼻头，然后对你说："怎么样，班主任的担心不是没有道理吧？"

我可告诉你，你可千万不能跟"他"说哦，我也希望你能听得进去并且坚决地做到。少年异性朋友之间的好感是正常的，是美好的，但又是非常不确定的，毕竟我们离长大还远着

15．我们的"老板"管得宽

呢，干吗不把这种美好的情感体验深藏在心底呢？大家在一起开开心心地玩儿多好啊，如果一旦说开了，大家都会处得别别扭扭，开心程度就会大打折扣喽。（你现在已经没有以前开心了不是？）所以，千万收回你的"心思"，把你那些"憋在心里的难受劲"扔到大西洋去，跟从前一样，变成一个快活无比的"小蝌蚪"，和大家一起开开心心、快快乐乐，学习起来也精神焕发，不断地进步、进步、再进步！

◉ 你能了解自己，也能理解别人，你的心里就会得到和谐与安宁，你也就可以美满而愉快地与他人相处和交往了。

◉ 博取信任最直接的方法就是不要把自己弄得复杂，而是要尽量简单得让人能够一目了然。

◉ 生命中有太多的诱惑，在每个岔道口，做出的选择，你都将付出代价。你踏出的每一步，都将定格，无法改变。

◉ 要把别人的意思听明白，不要单纯地追寻言外之意。

 认识我自己

你的求生意志强不强

和好朋友约好看电影，在一个多小时精心打扮后，你高高兴兴地出门去了。原本想坐出租车的你，发现今天天气不错，心情不错，时间也充足，所以，临时决定改搭公车，再走一小段路，慢慢散步到约好的地点。上了公车找到一个靠窗的座位坐下，你静静地欣赏着沿路风光，满心期待着今天快乐的约会。没想到，大约过了二十分钟，当你正准备下车时，竟然发生了一件糗事。如果下面的事必然会发生一件，你希望是哪件？

A. 拥挤中被人狠狠踩了一脚。

B. 你的伞落在座位上了。

C. 把"等等，我要拿伞"喊为"等等，我要下车！"

15. 我们的"老板"管得宽

D. 忽然有个不认识你的人对你说："你的后脑勺沾了一根毛线。"

分析：

选择A：你是一个很容易放弃的人，只要遇到一点困难就想逃跑或逃避，如果没有家人鼓励你的话，你可能就灰心丧气了。像你这种类型的人，一旦出现危情的时候，你的生存愿望会很消极，愿意听天由命，却不愿想办法自救。

选择B：你的求生欲望很强，在平时的生活中，就非常注意练习掌握各种求生技巧，对生存训练兴趣浓厚。所以，应对生活中遇到的小困难、小挫折，对你来说，根本不在话下。你实在是太厉害了。

选择C：你的求生能力还算不错，虽然不像童话故事中所说的打不死，但你肯定是一个不容易被打败的人，你为了自己的目标，会不断地去努力。你对前途充满希望，你的干劲十足。

选择D：你喜欢随遇而安，对名利和在班级中的地位如何不太在意，也不想去争取，爱什么样就什么样。对生活和学习也没有过高的追求。当学习中或集体活动中，有需要你做的事时，你也不推卸责任，并且也会办得不错，让大家放心。

16. 其实我没有恶意

"喵——"我是一只可爱的"小猫咪",我可是你的铁杆儿朋友哦。

"喵——呜——"我还是只爱开玩笑的"小猫"。可是,有时,我开开小玩笑,常会被别人误会,以为我是认真的。其实,我并没有他们想像的那种恶意,我只是开开玩笑而已。

比如今天吧,上午,班主任问我们要不要把饮水机里的水烧热,我笑嘻嘻地说:"不用了,烧热了,几位'敬爱'的老师就会不停地在教室里进进出出,接热水喝了!"

说这话时,我本来是想和老师搭搭话,开开玩笑,没有恶意,也没有看不惯老师们这种做法的意思,可是,老师偏偏就误以为我不想让他们再来倒水喝了。"可恶"的班主任还当着同学们的面批评我,这让我这个一班之长的脸往哪搁呀!真是气死我也!

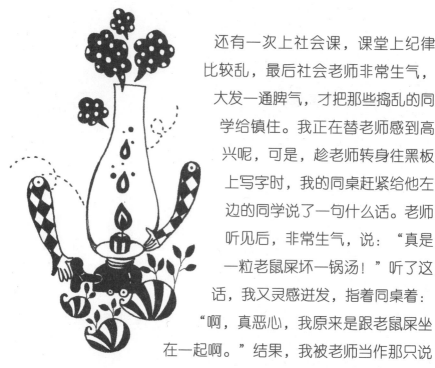

还有一次上社会课，课堂上纪律比较乱，最后社会老师非常生气，大发一通脾气，才把那些捣乱的同学给镇住。我正在替老师感到高兴呢，可是，趁老师转身往黑板上写字时，我的同桌赶紧给他左边的同学说了一句什么话。老师听见后，非常生气，说："真是一粒老鼠屎坏一锅汤！"听了这话，我又灵感迸发，指着同桌着："啊，真恶心，我原来是跟老鼠屎坐在一起啊。"结果，我被老师当作那只说话的"老鼠"狠批了一通，而同桌也跟我翻脸，说我告状的手段挺高明的，然后对我又幸灾乐祸，说我多嘴，挨老师批评活该。

没办法，我性格就是开朗，就是爱开玩笑嘛。有时把人得罪了，自己还不知道。可我实在是刀子嘴豆腐心啊！使我不能忍受的是，班中那些"捣蛋鬼"，经常来招惹我，闹到老师那里，倒说我"疯"。我向老师解释，老师还说我"无理搅三分"，并呵斥我说，如果我不招他们，他们怎么那么爱和我闹而不去"逗"别人？

唉！真是哑巴吃黄连，有苦说不出，哇哇哇哇……

开玩笑总想活跃一下气氛，可是却又总被别人误会。老师也经常威胁我说:"再不改改这个坏毛病,你这个班长可是没法当了!"

哎呀,我该怎么办呢?真发愁啊。

可爱猫　女生　11岁

快乐由你

可爱猫:

哈哈,你真像一只顽皮可爱的"小猫"哦。

本来开玩笑,热闹一下气氛,增进与老师亲密关系、加强与同学的友谊,是很不错的哦,但并不是什么玩笑都能开的,什么场合都能开的,如果只图一时痛快,乱开一气,容易把人惹恼,那可就乐极生悲,惨定了。

如果你开玩笑老引起别人的误会,那一定是犯了一些忌了。

开玩笑要看对象,要注意长幼关系。比如老师对你开玩笑,就要保持老师的庄重身份,而你一个学生对老师开玩笑,也要以尊敬老师为前提。同时,玩笑还要讲究场合、时机和对方的心情。

　　本来老师在接水的时候，也表示关心你们一下，问需要不需要把水加热。可是你却当着全班同学的面，嘻嘻哈哈地乱开玩笑，表示出不欢迎老师来接水喝（尽管不是你的本意）。没准，这会儿老师刚下课，既累又口干舌燥，不仅没得到你的关心，反而觉得你太不懂事了。引起老师的误解是必然的了。

　　总之，开玩笑要以不伤害对方的自尊心和让对方感到轻松、愉快为准。

　　另外，课堂上本来是个严肃的地儿，老师正为纪律乱而生气呢，你却不合时宜地开玩笑，一是影响了别人的学习，再一次扰乱了课堂纪律；二是在这种场合下，作为一班之长，你应该对上课说话的同学给予严肃地制止，可是，无形中，你却起到了"推波助澜"的坏作用，老师当然也饶不了你喽。

开玩笑还应注意语言要文雅。本来老师在气头上骂了一句"一粒老鼠屎坏一锅汤"就不太好，而你却顺口拿过来"送"给了同桌，同桌当然也不高兴了。最劣质的玩笑莫过于当着一大群人的面拿其中一个作"靶子"来取笑。即使你能赢来一时的兴奋，那位为你的幽默而"献身"的同伴却会从心底反感你，甚至当场跟你"翻脸"。若是想伤害对方或让同学痛恨自己，这种方式将具有百分之百的成功率。

除了上述几点外，如果还能记住以下的禁忌，你还是可以挥洒自如地开玩笑了。

比如，不要以同学的缺点或不足作为开玩笑的目标，切忌拿别人的生理缺陷或者考试不过关来开玩笑，把自己的快乐建立在别人的痛苦之上，这会激怒对方，招人憎恨，以至毁了同学之间的友谊。

开玩笑要掌握尺度，不要大大咧咧总是在开玩笑。时间久了，在老师同学面前就显得不够成熟踏实。作为班长，同学就不会尊重你，会降低你的威信。

在严肃地处理班级事务时，同学也会跟你嘻嘻哈哈，不听你的"指挥"，这可就得不偿失喽！

16．其实我没有恶意

◉ 如果一个人完全不能接受任何形式的玩笑，说严重一点，这个人的确是个"老古板"。

◉ 一个思维比较僵化的人，在面对灵活性的玩笑冲击时，不能及时理解玩笑而感到不适应，自然会对开玩笑的人反感了。

◉ 到了幽默的最高境界，往往是幽默大师自己不笑，却能把你逗得前仰后合。然而，在生活中，我们都不是幽默大师，很难做到这一点，那你就不要板着面孔和人家开玩笑，免得引起不必要的误会。

◉ 健康的玩笑，具有巧妙含蓄的构思，精辟深刻的哲理，幽默滑稽的表现形式，运用得当，可以使气氛和谐融洽，生活增添乐趣，增进友谊和感情。

◉ 开玩笑要讲究文明礼貌，注意语言美，用幽默的语言、滑稽的形式表现健康的思想情绪。

 认识我自己

朋友眼中的你

这是目前被广泛采用的一个测试，很多回答要根据你现在的感觉，而不是你过去的感觉。

1. 你何时自我感觉良好？

A. 被人赞扬的时候

B. 赞扬别人的时候

C. 听到有人被赞扬的时候

2. 你说话时是……

A. 急切地说

B. 小声地说

C. 漫不经心地说

D. 低着头小声地说

E. 很慢地说

16. 其实我没有恶意

3. 和人说话时，你的动作是……

A. 两胳膊交叉抱在胸前

B. 双只手握在一起，不停地搓来搓去

C. 两只手放在背后

D. 喜欢边说边拍对方的肩或背

E. 拽自己的衣角，或抠自己的耳朵或摸自己的鼻子……

4. 坐着沙发上与人聊天时，你会……

A. 两腿并在一起

B. 一条腿跷在另一条腿上

C. 两腿交叉不停地摇晃

D. 两腿一前一后地放着

5. 当同学讲了一个非常可笑的笑话时，你的反应是……

A. 哈哈大笑，笑得前仰后合

B. 满面笑容，但不出声

C. 笑出声来，但声音不大

D. 羞答答地微笑，并用手捂住嘴巴

6. 当你去参加朋友的生日聚会时，你……

A. 一进门就亮开大嗓门，生怕别人不知道你来了

B. 平静地进门，和自己认识的人打招呼

C. 悄悄地进去，最好别让人注意到自己

7. 当你非常专心地做作业时，有人来找你，你会……

A. 热情地接待他

B. 比较生气，烦他打断了你的思路

C. 介于前面两者之间

8. 下列几种花，你最喜欢哪一种？

A. 桃花

B. 美人蕉

C. 菊花

D. 迎春花

E. 紫丁香

F. 月季花

G. 白玫瑰

9. 睡不着觉的时候，你喜欢这样躺在床上……

A. 四仰八叉

B. 全身放松地趴在床上

C. 蜷成一团

D. 拿一条胳膊当自己的枕头

E. 用被子把自己捂得严严实实

10. 你经常幻想自己……

A. 有特异功能，能从高处自由落体

B. 常把对手打趴下

C. 与一个不认识的人成为好朋友

D. 像小鸟那样可以到处飞来飞去

E. 很少出现幻想，和平常一样

F. 过得很开心，从来没遇到过烦心事

16. 其实我没有恶意

分析：

说明：根据下表，计算分值。

选项 题号	A	B	C	D	E	F	G
1	2	4	6	–	–	–	–
2	6	4	7	2	1	–	–
3	4	2	5	7	6	–	–
4	4	6	2	1	–	–	–
5	6	4	3	5	–	–	–
6	6	4	2	–	–	–	–
7	6	4	2	–	–	–	–
8	6	7	5	4	3	2	1
9	7	6	4	2	1	–	–
10	4	2	3	5	6	1	–

你的总分是多少呢？请根据分值选择：

（1）低于21分：性格内向，整天愁眉苦脸。

（2）1分到30分：自己不太自信，而且还老挑别人的毛病。

（3）31分到40分：太过于保护自己了，弄得大家很紧张。放松点。

（4）41分到50分：对自己非常保护，又非常想冒险，性格比较矛盾。

（5）51分到60分：喜欢招人注意，喜欢探索。

17. 想自己做选择

我常常想，如果世界上所有的人都可以按照自己的意图快乐地做事，不被别人强迫，那该多好啊！

或许，有人会对我的这个想法感到吃惊和恼怒。是啊，如果人人都按照自己的意愿来生活，那世界不就乱成一片了吗？可是，深深地陷入被人逼迫的生活中，我又能说些什么呢？

我无奈。我沮丧。

说个简单的例子吧。现在，我们小学部每个年段都有一个"体育队"，据说这是为培养那些在体育方面有潜力的同学而专设的班，每个星期二、四下午第三、四节课活动，实行集中训练。

开班那天，我正做着要去参加科学兴趣小组的美梦时，突然被教体育的王老师给叫住了！她要我去参加体育队！顿时，我的心冷了半截，真是"老虎没打着，打到小松鼠"。扫兴，实在是扫兴啊！我很想跟她倒倒苦水，可看到她一脸"严霜"，我只好打消了念头。老师也是为我好啊！他怎么不选其他人呢？可见，我算是他的得意门生啊！得意门生怎么能拒绝老师的善意要求呢？这不是大逆不道吗？于是，我一咬牙，一狠心，走向了体育队。

然而，我的内心却充满了痛苦！

被逼的生活，多么无聊，多么恐惧！有人说热情是成功的一半，可我万念俱灰，又怎么能成功？不成功，就是被"刷"下来，那该多丢人！我又怎么向父母交差，怎么向同学证明自己的"强大"，怎么对得起得意门生的光荣称号？

想到这儿，我脑海里不由地浮现了在原来的学校参加运动会的情景。

那一次，我特别想报200米，因为我爆发力不行，但自信速度还可以，可老师偏要我参加100米竞赛。师命难为，我只好硬着头皮上场了。因为心里不痛快，走路也磨磨蹭蹭的，所以差点因晚上场而被取消参赛资格。老师唠唠叨叨地嘱咐我要勇于拼搏，可我一点斗志也没有。结果在比赛中，我连决赛都没进入。

那些日子，我的心情非常低落，一连几天，课都没上好。如果当初报了200米，结果会那样吗？

我真不明白：逼迫者们在把自己的想法强加给被逼迫者

时，他们是不是考虑了被逼迫者的内心感受？是不是考虑了"科学"二字？被逼着干事情，能成功吗？虽然许多人对"严师出高徒"的话深信不疑，可是这句话在我身上却起不到任何作用。徒弟不想学，严师又能有什么办法呢？

真的，我时常想：如果所有的人都可以按照自己的意图去做，不受别人的逼迫，那该多好啊！

玄玄　男生　六年级

快乐由你

玄玄：

你的日子过得真是很辛苦哦。总想做自己喜欢的事情，可是总不能如愿，内心当然会充满痛苦。事实上，大多数人会经常遭遇这样的痛苦。

为了不让自己生活在"痛苦"中，那就让我们共同来面对，共同来想一些应对的招吧。

当遇上一个没有选择余地的问题时，那就勇敢地、乐观地面对。

17．想自己做选择

比如，如果只有一个体育队而没有别的"队"时，你想的就很对："老师也是为我好啊！他怎么不选其他人呢？可见，我算是他的得意门生啊！得意门生怎么能拒绝老师的善意要求呢？"迎接挑战，没准学得很成功。即使不成功，经过两轮就被淘汰下来，这也没有什么丢人的。一是可以提高你的抗挫折能力；二是也让你长了见识；三是让你知道自己在有些方面还有不足的地方，还要继续加油。在别无选择的情况下，又是对自己成长有帮助的，何乐而不为呢？

当你可以做多种选择时，为什么就不灵活一点呢？只要时间不发生冲突，精力吃得住，我们既可听从老师的意见，报个体育队，同时也根据自己的爱好和兴趣，报个科学兴趣班啊；既可听从老师的建议报个100米的赛跑，再根据自己的能力报个200米的啊。

做这些选择是不是很简单的事儿？就跟打个哈欠那么容易嘛！

可能，你也许会说，我实在不想听老师的安排，还是想根据个人的愿望来选择，那怎么办？

这也很好办啊！找老师去，把自己的想法跟老师沟通沟通。你不表达出来，老师哪里知道你的想法呢？在不知道你的想法之前，老师根据自己对你的了解，帮你做出了选择，也是很正常的啊。再说了，老师可以极力"劝"你，你也可以说服老师嘛。老是委屈地想着自己是被"逼迫"的，当然会越想越痛苦了。尤其是遇到失败的时候，老是怨气冲天，把责任全都推到别人身上，而一点不从自身找原因，更会加重你的悔恨。真的是没必要哦。

所以说，以后，再遇到为难事的时候，你一定要这样想："没有什么大不了的，找老师谈谈去，一次不行，我就多谈几次，就像我多打几个哈欠一样简单。如果老师说得有道理，就听老师的，如果觉得老师说的没有道理，坚持自己的想法就OK了。不管怎么样，都要满腔热情、斗志昂扬地去迎接挑战！"

○ 一个人能胜利的期望值决定了他努力的程度，所以，

17．想自己做选择

无论做什么事，我们都要对赢得最后的胜利充满信心。

◉ 你有一双快乐的眼睛，所以，生活才会因你的眼睛而快乐。

◉ 如果你担心什么，就表达出来，不要闷在心里。没准事情会向你期望的方向发展。

◉ 在对人进行劝说时，你的眼睛一定要注视着对方。一是会让对方感觉到你的尊重，二是对方知道你在全神贯注地听自己说话。

认识我自己

你的学习方法好不好

下面是10个问题，你怎么想的、怎么做的，就怎么回答。每个问题有三个可供选择的答案：是、不一定、否。请把相应的答案写在题目后面。

1．除了课本，基本上不看什么课外书。

2．跟同学一起聊天时，从来不聊学习，不聊分数。

3．除了看漫画书外，不怎么看带文字的图书。

4．一学期结束后，课本上"干干净净"的，而且也不爱记笔记。

5．上课时，无论老师提什么问题，总喜欢赶紧想出答案，然后举起手来。

6．觉得每次作业错得太多，改错比较费脑子，也比较费时间，干脆找份正确答案，对照着做算了。

7．喜欢翻阅各种字典词典。

8．预习新课时，喜欢在课文旁记点小问题，画点小标记。

9．对一切新鲜的东西总是那么充满兴趣。

10．喜欢和同学争论学习上的问题，甚至面红耳赤也无所谓。

分析：

第1、2、3、4、6题回答"否"表示正确，其他问题回答"是"表示正确。正确的计10分，错误的不计分。回答"不一定"的题目都计5分，最后计算总分。

总分85分以上，学习方法相当好，继续坚持。

总分65至80分，学习方法不错，继续努力。

总分45至60分，学习方法一般，要赶紧"取长补短"哦。

总分40分以下，学习方法较差劲，要立即采取行动进行纠正哦。

17．想自己做选择

美丽的疼痛

18. 被人羡慕也很苦

每当老师在讲台上公布考试分数时,同学们都向我投来羡慕的眼光。

当我周围响起一片啧啧称赞声,当我身上聚集了灼人的目光时,有谁知道,我心里有多烦吗?

十多岁的我,也有许多男孩子喜欢做的游戏,也非常喜欢踢球、玩电脑游戏、看电视,可是,这一切都与我"绝缘"。

每天,学习时间占去了我的一切课余时间。做完语文作业,做数学,做完数学还有英语……为了应付每周一次的单元测验,我的脑神经整天都绷得紧紧的。我必须上课好好听讲;为了不让老师对我失望,我每次都要积极举手,而且要答对老师随时提出的问题;如果有题答不上来,我就特别害怕老师那责备的眼神,害怕落后其他同学而被人嘲笑……

其实我心里最明白,经过这些努力,我才总算"连滚带

爬"地跟上了"队伍",或者说走在了"队伍"的前面。付出了多少代价自己心里最清楚。

老师和家长还号召同学们和自己的孩子向我学习,而每当这时,我从来不敢说真话,他们要问我的感受,我也从来就笑笑,算是回答,因为,如果我说真话了,那一定是令他们失望甚至是愤怒地话。为了避免这种情况的出现,我还是把嘴闭上的好。事实上,我还是想痛痛快快地玩,认认真真地学,轻轻松松地拿到高分,而不是苦巴巴地拿上高分。

仙剑　男生　五年级

 快乐由你

仙剑:

当老师宣布考试成绩时,谁听到高分,谁还假装不高兴,那才叫不正常呢。

18. 被人羡慕也很苦

当接受别人羡慕的目光时，内心不充满喜悦，才是个怪人呢！

可是，"仙剑"，当你说感受到这一切时，你的内心却充满烦恼。

读到这里的时候，我心想，这个小孩子怎么分不出好歹呢？可是越往下读，心里就越沉重。没想到小小年纪，"仙剑"的心事却这么沉重。还好，仙剑还是个很诚实的小男生嘛。当老师和学生家长问他的学习感受时，他宁肯不回答，也不愿说假话，这说明你不是个有太大虚荣心的孩子哦。

可是，一个挺明白的小孩子，为什么把自己弄得很复杂、很紧张呢？

"仙剑"，其实，不用"连滚带爬"你也能跟上队伍，你完全可以跟其他同学一样，该学习的时候学习，该玩耍的时候玩耍嘛。只不过你学习的时候更要讲究方法一些，更专心一些，我相信效率不会比你"提心吊胆"害怕考不好的时候低。

努力学习是让自己长本领的，而不是学给别人看的。再说了，课堂上回答不上来的同学多的是，那不是正在学嘛。

当回答不上来问题时，你害怕老师责备的目光，害怕被同学嘲笑而让自己的"脑神经"绷得紧紧的，这说明你没有把"上好课"看成是自己的事，让人感觉你好像是在替别人做事似的。不过，这也不全是坏事，至少你是一个很要强、很有上进心的孩子，只不过，稍"过"了一点。无论什么事，都是有一个限度的，越过了这个限度后，就显得有点儿"犯傻"了。

人如果无论干什么事,总想件件得到别人的承认,总想让每一个人都满意,那么,我想,这个人就是累死了也做不到。况且,每个人都有各自的事情要做,怎么可能老把眼睛盯在你的身上呢?所以,别总是因为别人一句赞扬的话、一个羡慕的眼神,或一个责怪的语气,就把自己弄得神经紧张,内心充满烦恼。正确的做法应该是把这些当作激励,而不是让它们变成了你的负担。

想一想哦,是背着大包袱跑步快,还是甩掉包袱、放开了跑步快?当你甩掉"思想包袱",潇洒地跟上队伍,或者走在队伍的"前面"时,你内心再也不会烦恼了。因为,面对"采访",你完全可以从容地实话实说:"我专心致志地学了,也痛痛快快地玩了。如果学习进步了,我会继续努力;如果学习退步,我得吸取教训,好好总结一下,赶紧追上去……"

◉ 无论任务多么重大,问题多么艰巨,只要把它加以分

解，然后一点一点，一步一步地去完成，就一定能够解决它。

◉ 成功与失败的差异并不在于是否曾上100门课来修炼某种特定的技术，而是要弄清在能力既定的情况下，怎样使自己适应各种要求。

◉ 成功是甜蜜的，但要经过痛苦和寻觅。

◉ 要想脚印留得深，就别尽拣光滑舒适的路走。

◉ 研究表明，智力与成就有一定关系，但决不完全相关的。最明显的差别在于他们的非智力因素不同，成就大的人在进取心、好奇心、恒心、自信、不屈不挠、充沛的精力和乐观的情绪方面，明显地高于成就小的。

你和老师的关系好不好

公开课上，很多老师在后面听讲，而讲课老师提出问题后，没有一位同学举手，老师显得很尴尬，你怎么办？

A. 紧皱眉头，赶紧想答案，想出来后再替老师解围。

B. 不是我不帮老师的忙哦，我确实不会呀。

C. 立即举手回答，哪怕一点把握也没有，也要给老师一个面子。

分析：

选择A：说明你是一个直爽的人，与老师相处时不拘谨，非常放松。但是，太放松了，有时会信口开河，感情用事，有些话甚至"不过"大脑。有时，不能完全明白老师的意思。

选择B：说明你在与老师的交往中不太主动，比较任性，对老师的感情一般。也会经常在众人面前不给老师面子，让老师比较窝火。你应该主动和老师打招呼，主动和老师交流，这样，你们的师生关系才会变得越来越融洽，对你的学习才会越来越有帮助。

选择C：在老师的心目中，你既通情达理，又非常懂事，还能坚持自己的见解，是个好学生哦。人气指数好多"星"，继续努力吧！

18．被人羡慕也很苦

19. 我想做个"野蛮"女生

总的说来,我还算是个品学兼优的人。

在四(3)班里,老师喜欢我,跟我关系特铁的同学也很多。可是,有一件事却让我很烦,那就是上体育课。

同学们差点把眼珠子瞪出来,才把每周的两节体育课盼来,而我却跟同学们"对着干",因为我一点也不喜欢上体育课。我只关心文化课,只要我语文、数学、外语课上得好就行。

反正我喜欢静不喜欢动,我的朋友也都说我不热爱体育项目。所以说,我的体育成绩一直不好,也是情理之中的事了。投铅球时有时球还会从手上掉下来;跳高时连85.5厘米都跳不过去;跑50米我跑了11秒,而及格分数是10秒。

我们班有个小"坏蛋",老叫我大懒猫;还有叫我"三不"小姐,意思是说我跑不快、跳不高、扔不远。

太讨厌了，不要这么叫我了。其实，我学习上挺勤奋的，不就是不爱运动嘛！真是的！唉，怎样才能提高体育成绩呢？我真想做个"野蛮"女生。因为，我们班里那几个"野蛮"女生的体育成绩，比男生还要好呢。

以前低年级还没什么，现在到了高年级，难度大，体育老师也要求得很严格。许多体育项目我都及格不了，而这种情况全班就我一个，在全校也没几个吧？我常常因为这件事感到自卑。

学期很快就要结束了，我们班又要举行体育考试了。老师说体育成绩不合格，就不能评这奖那奖的。我是一个各方面都非常优秀的同学，拿不到奖状，同学们一定会嘲笑我的，爸爸妈妈也一定会批评我的，这叫我如何是好？

我不高不矮，不胖也不瘦，什么毛病也没有，可是，为什么我的体育成绩就那么差呢？我该怎么提高我的体育成绩啊？

就写到这里吧，我还要去锻炼呢，真是讨厌。唉，我哪有时间锻炼啊？要不是为了那宝贵的奖状，我才不去锻什么炼呢！

小朴丁　女生　四年级

快乐由你

小补丁：

在"野蛮"过头的今天，女生们都想回归"淑女"，可"小补丁"却要愁眉不展地想做个"野蛮"女生，真是不容易啊。

的确，"大懒猫"和"三不"小姐实在太难听了，你越不让他们叫，那些精力过剩的捣蛋鬼就会越叫得欢。把你气得发疯，他们才觉得有成就感呢。最好的办法，就是争取跑得快、跳得高、扔得远，才能堵住他们的嘴巴。

你可能想，哪有那么容易的事啊。何况每天的作业任务那么繁重。要我说呀，别总为自己的懒惰找借口了，什么我的学习太忙了，我的作业太多了……我想，就算你忙得不可开交，就在身边小小的空地上动一动，时间不长，20分钟总还挤得出来的吧？也许你也听过这句话吧，叫做"生命在于运动"。只有适当运动了，才会让自己的精神更充沛，学习的效率更高，嘿嘿，还有，能使你的身材更"条"一些哦。所以，锻炼跟拿奖状只有那么一点点小关系，而与健康和美丽才有重大关系呢。没有了好身体，整天懒懒散散，哪还有劲头学习呀？

你跳不高、跑不快、扔不远，实际上跟你的爆发力差有关。给你推荐一个特别省事、省时、有效的体育运动吧，那就是跳绳。如果哪天能在一分钟内跳180下,你那"三不"小姐的桂冠就要被摘掉了。

　　课间休息在走廊上跳,放学在楼下或在小小的阳台中跳。坚持跳吧,你会越跳越轻巧,越跳越快。时间一长,你会发现自己的体力增强了,而且毅力无形中也得到了考验。注意,运动后要记着做放松运动哦,动作要缓慢,使身体恢复。

　　体育成绩的好坏虽然有天生体质的因素,但后天科学的锻炼方法和营养调配也是达到提高成绩的捷径。何况,你什么毛病也没有呢。

　　总之,要想提高体育成绩,后期补抓是唯一的出路。必须持之以恒,而且越早越好。

　　◉ 只有具备健康的身体,并做有意义且自己感兴趣的事时,效率才有可能最高。相反,对于一个体格孱弱的人来讲,就很难达到学习上的高效率。

　　◉ 高效率的运动一定要配合合理的休息。

　　◉ 每一个起点都是一个良好的开始,进行下去将有一番亮丽的景色。

⊙ 卢梭说：没有运动，生活就是昏睡。

 认识我自己

你的魅力指数有多少

魅力与人的外貌、气质息息相关，你想知道自己的魅力指数吗？请回答下列问题。

1. 你总希望靠自己优雅的举止来引起同学和老师的注意吗？

    A. 偶尔

    B. 常常

    C. 很少

2. 同喜欢的朋友坐在一起时，你经常采取哪种坐姿？

    A. 双腿分得很开

    B. 一条腿跷在另一条腿上

    C. 双腿交叉放在椅子下面

3. 与欣赏你的人交谈时，你会怎样？

19. 我想做个"野蛮"女生

A. 很放松地站着

B. 双手交叉，放在肚子上

C. 双手背后，昂首挺胸

4. 走路时，是晃晃悠悠还是沉稳地往前走？

A. 晃晃悠悠

B. 不一定

C. 脚步稳、走路快

分析：

说明：

1.	A：2分	B：3分	C：1分
2.	A：3分	B：2分	C：1分
3.	A：3分	B：2分	C：1分
4.	A：1分	B：2分	C：3分

8分以上：你很具魅力，很会发扬自己的优点。

5至8分：你的魅力一般，但有发展前途。

5分以下：你的魅力较差，管不住自己，赶紧想办法改善哦。

20. 幻想着自己被女生崇拜

有一个烦恼天天与我紧紧相随，那就是怕长不高。很多人都想长得有170厘米以上高嘛。可我今年13岁了，才150厘米。已经过了生长高峰期的我，这两年都长得很慢很慢。伙伴们、大人们在一块聊天，都推测我以后长不高，是个小矮个儿，怎么办呀？以前的朋友都比我矮，现在个个都比我高许多了。

我个子矮却酷爱打篮球，可老是摸不到球，只能跟在高个子后面东奔西跑，常常差点被他们踩扁，而同学们的掌声总是给那个子最高的、风头最劲的，我嫉妒得要死。还有，我这个人特爱热闹，爱聊天，可是，每次跟我们班高个子讲话时，我都得仰着头，感觉对方一副高高在上的样子，真让人扫兴和郁闷。

还差几个月，我都要上初一了。我很苦恼。我妈妈的个子就很矮，我好怕遗传她呀，就恨不能把个子拔起来。我吃了好多东西都不管用。不瞒你说，我妈妈比我还担忧，她担忧的理由是怕我将来娶不着媳妇。娶媳妇？呵呵，对我来说，那是相当相当遥远的事情。不过，我现在上课倒是经常走神，总是幻想着自己长成了一个高大威猛的篮球明星或拳王，一拳把那些高个子打倒，同学们则都拼命地喊叫着我的名字，女同学们都崇拜地冲我欢呼……

　　有什么办法让我再长高点吗？如果长大以后，我真的是个小矮个儿，怎么办呢？唉，烦都烦死了，如果一辈子总是"低人一等"，那活着还有什么意思啊。

闷葫芦　男生　六年级

 快乐由你

"闷葫芦"：

　　其实一点也不闷耶。爱打球，爱找人聊天，就是为身高苦恼而已。

是啊，那具有修长的双腿和高大魁梧身材的人，总能引来很高的回头率，然后自己却美滋滋地装出不屑的样子。所以，长不高，是很烦喔！我很理解你想长高的迫切心情。

别担心，才13岁，长个儿的机会还长着呢，着什么急呀？到了青春期后期，有的男孩子个子就"窜"得巨快。

有一点你要搞搞清楚哦，那就是人体生长有两个高峰期，一是0—4岁；二是12—20岁。所以，你所说的"已经过了生长高峰期"是不科学的。

虽然孩子遗传父母的身高，但后天的因素也很重要哦。你知道人为什么会长高吗？在人的骨骼与骨干之间有一个软骨层，这些软骨层的细胞不断增长并不断吸收钙离子，当骨骼一点点加长时，人就一点点长高了。如果你想自己长高些，应该注意以下几个方面，赶紧进行补救。

经常进行适当的运动。比如跑跳、跃起、打篮球（也可以摸高）、游泳等运动，都有助于下肢骨骼的充分发育；而伸展、引体向上等，则帮助脊柱的伸长。

保证足够的营养。生长发育期要特别注意多吃肉、鱼、蛋、奶等蛋白质，还要配合多种蔬菜和水果，以保证骨骼不仅增长，而且增宽、增粗。

20．幻想着自己被女生崇拜

保证充分的睡眠也非常重要。人处于睡眠中,体内生长激素的分泌要超过白天的5—7倍,从而促进身体长高。要保证8—9个小时的睡眠时间。

还要注意,坐姿要端正,不能驼着背,心情要舒畅。一天到晚眉愁愁的,或者"胡"想联翩,既影响心情又耽误学习,大可不必这样子哦。幻想只能暂时缓解内心的自卑和焦虑,但这些不可能从根本上解决问题。"梦"醒之后,反而会让自己陷入更大的自卑和焦虑之中。长期处在焦虑中的孩子,会影响身体发育和长个的。

你问"如果长大以后,我真的是个小矮个儿,怎么办呢?"你还说什么"如果一辈子总是'低人一等,那活着还有什么意思啊?'"

如果在生活中,每个人都为一些不如意的事情而自杀,那每个人都可以自杀八百回了。事实上,人生不如意,十之八九。可为什么大多数人还都那么好好地活着呢?因为大家都知道，人的生命只有一次，而活着除了想长高这点事做不到外，还有许多另外的有趣事情等着我们去做呢。

个子矮有什么呀？有些公众娱乐人物，长得又瘦又小，还不照样一天天地长大，终于在舞台上放声歌唱了嘛，台下的女生们还不是一样对他们崇拜地尖叫？他们靠的可不是高大威猛的身材，而是才华和自信！如果连自己都嫌弃自己，那就别怪别人低看你了。你对人生的态度应该比你的身高更重要。

如果你真的长不高，或者现在打篮球让自己心里很不爽，你也要勇敢面对现实，在接受自己的基础上确定自己的特长。比如，培养一些自己的书法和绘画兴趣，可以帮助自己班里的板报办得更出色；可以参加其他一些兴趣小组，比如科技制作，航模等；还可以当个篮球评论员，使自己的篮球特长有用武之地……

总之，当你为自己的个子矮小而苦恼时，还有人要为自己的太高、太胖、太瘦、太丑等而苦恼的，所以，不要让这些烦恼击败，重要的是你要想办法摆脱这些苦恼，做一个让男生女生都喜欢的阳光少年、才华少年。

另附一张男孩女孩的年龄身高对照表，自己对照一下，看是否达到了与年龄相对应的身高，如果达到了，就窃喜一下吧；如果没达到，那就要坚持科学锻炼哦，在加强营养的同时，还要保证充足的睡眠。

20．幻想着自己被女生崇拜

附：男孩女孩的年龄身高对照表

男孩				女孩			
年龄	平均身高(CM)	年龄	平均身高(CM)	年龄	平均身高(CM)	年龄	平均身高(CM)
7岁	124.88	14岁	166.28	7岁	123.78	14岁	161.21
8岁	129.36	15岁	170.28	8岁	128.56	15岁	162.27
9岁	136.38	16岁	173.28	9岁	135.02	16岁	163.20
10岁	141.99	17岁	174.74	10岁	140.75	17岁	164.05
11岁	147.06	18岁	175.19	11岁	148.02	18岁	164.82
12岁	151.78	19岁	175.47	12岁	153.52	19岁	165.13
13岁	160.16	20岁	175.76	13岁	158.58	20岁	165.39

◉ 美貌与忧伤总是形影相随。在自然认为，美貌太富有了，她在世上不能不遇到挫折。

◉ 你认为你行，你就行，相信"我能行"的人，才能赢。

美貌与忧伤总是形影相随。在自然认为,美貌太富有了,她在世上不能不遇到挫折。

◉ 不要让别人的评价左右你的行动。

◉ 只有自信,才能让人在最佳的心理状态下工作,而不致于被怀疑吞食想象力。

 认识我自己

喜笑颜开与愁眉苦脸的选择

你是个开心的乐天派还是一个苦闷的悲观派?赶紧做以下题目,看自己到底属于哪一类人?

1. 如果晚上时间很晚了,你听到电话铃声后,第一个反应是好事还是坏事?

2. 与朋友聊天,你是否常担心自己说错话或办错事?

3. 你经常跟同学玩有趣的运动或游戏吗?

4. 你曾梦想过自己在一次大考中一下就考了第一名吗?

5. 出门的时候,你经常会在意熟人甚至是陌生人看你时的表情吗?

20. 幻想着自己被女生崇拜

6. 放假找同学玩儿时，你是否没事先约好就出门了？

7. 当参加活动、需要把书包交给同学保管时，你是否会把装在书包里的重要东西拿出来，否则自己不放心？

8. 每当有事出门时，你会提前出发，以防堵车或者其他事情发生而耽误了时间吗？

9. 如果听说某人得了某病，你会担心自己也得这种病吗？

10. 坐火车或飞机时，你是否会担心有意外发生？

11. 你会打理自己多余的压岁钱吗？

12. 你觉得大部分的人都很诚实吗？

13. 你总是积极参加学校或小区的活动吗？

14. 一个守信用的同学向你借钱，你会借给他吗？

15. 和同学一起出去玩，如果天气有变，突下大雨，你还准备去吗？

16. 你对一般人都相信吗？

17. 每天早晨起床时，你是精神抖擞的吗？

18. 当好朋友意外来访时，你会特别开心吗？

19. 你对花钱没有概念吗？

20. 你总对未来充满自信吗？

分析：

第1—10题答"是"计0分，答"不是"计1分；第11—20题答"是"计1分，答"不是"计0分。

分数为0至7分的人：你整天比较忧郁，是一个标准的悲观派，总是往坏处想事情，而看不到事情好的一面。这样做，你虽然很少失望过，但你整天愁眉不展，提心吊胆，害怕困难和挫折，这样过得很不爽呢。建议你在思考问题时要多往好的方面去想，要积极地寻找解决的办法，要逐渐增强自己的自信心。相信自己一定能行。

分数为8至14分的人：你对生活的态度比较正常，既不盲目乐观，也不灰心丧气。不过你遇到困难和挫折时，思路可以放得更宽些，这样，你解决问题的方法就会更多。

分数为15至20分的人：得到此类分，说明你是个标准的开心派。你总是喜欢阳光地看待问题。但也有个缺点哦，就是你太乐观了，总是把困难甩到一边，而不去认真对待，这样会很误事的。所以，希望你对解决困难也要上点心，而不是掉以轻心。

20. 幻想着自己被女生崇拜

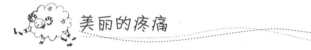

21. 改不了自己暴躁的脾气

同学们都说我是吃火药长大的,点火就着!他们这样说一点儿也不冤枉我。

我的脾气特别暴躁,在学校里经常和同学发生冲突。轻则吵得面红耳赤;重则大打出手,拳脚相加。其实,事后一想,全都是因为一些鸡毛蒜皮的小事。

有一次春游,我和一个男生一起玩,把一个小瓶子当做足球踢来踢去。最后,他一不小心,一脚踢在我的脚踝上,疼得我蹲在地上半天没有起来。等我缓过来之后,不顾他的道歉,就怒气冲冲地抢过他的照相机,一把给摔到地上。幸好没摔坏,可是我们之间的友谊就这样破裂了。

就说最近这几天吧,我的心情糟透了。数学没考好,在学校,老师数落了我半天,把我的肚子气得鼓鼓的,快到我忍无可忍,想站起来跟老师大吵一架时,下课铃响了。可是回到家里，妈妈又把我骂了一顿，因为她骂起人来，比我还暴，所以，我就只好偷偷地对她翻白眼。最可恨的是妈妈决定不让我玩电脑游戏，把电脑转移到亲戚家了。

　　本来，这两天对自己的坏脾气克制得挺好的，可是今天，同桌那小子不识趣，跟同学闹着玩时，破纸团明明扔到了我头上，他却装傻不承认。我终于怒火万丈，一拳砸过去。谁知我出手太重，那小子额头缝了三针，花去一百多块钱。真倒霉，这个月的零花钱又要另想办法。当然，还有班主任叫我写了一篇千字文的检讨，叫我学会控制自己的情绪。

　　唉，这火气上来也真够吓人的，冤枉钱我没少花，事后也挺后悔的，可下次碰上又难免控制不住。现在，因为我脾气暴躁，有的同学都不愿意跟我打交道。我的朋友越来越少，我感到越来越孤独，脾气也越来越暴躁。

　　我深知自己脾气不好，会影响我的学习，影响我与同学的关系，我也很想改一改，但不知怎么回事，一遇上不顺心的

21. 改不了自己暴躁的脾气

事，我总是克制不住自己暴躁的脾气。

有什么方法，能帮我改掉这种暴躁的脾气呢？

暴脾气　男生　五年级

 快乐由你

暴脾气的小男生：

我觉得你的脾气不是"暴"了，而是很有点暴力了。如果再不改改的话，我可也躲你远远儿的。不过，还好，你还算是个男子汉，肯承认自己的错误，而且也急切地想改掉自己的缺点。

在生活中我们常常看到，有些人因为一些不足挂齿的小事而发怒，做出不该做的事，引起恶性斗殴，甚至导致人命案子的发生，最后锒铛入狱，事后常常后悔不已。所以，在你没犯"病"之前，先给你上一小课，让你对暴躁易怒的危害性有足够的认识。

遇事想发脾气时，你可以立即想一想对方，想一想发完脾气的后果。然后，迅速转移话题，或者听听音乐，唱唱歌，或迅速离开现场干点别的事情，比如干脆到操场上猛跑几圈，

这样可将因盛怒激发出来的能量释放出来，让自己的心情平稳下来，搞定自己的暴脾气。

你认为你妈妈的脾气比你的还暴，明知道这样做不好，只能激化矛盾，你就不应该模仿这些不好的处理问题的方式了。

在家里，你可以跟妈妈好好地谈一谈。在家或在课桌上贴上"息怒"、"制怒"一类的警言，时刻提醒妈妈和自己要冷静。如果还控制不住自己，快要暴发臭脾气时，就在嘴里不停地默念"冷静""别发火"来警告自己。

也可以用一个小本子专门记载每一次发脾气的原因和经过。通过记录和回忆，你会发现有很多脾气发得毫无价值，会感到很羞愧，以后怒气发作的次数就会减少很多。平时还可以多观察一些爱愤怒的人，看看他们是怎样一副德性，你也能克制自己发火的冲动了。

一个人性格的形成是由多种因素造成的。比如自己父母脾气不好，使你受到压抑，然后到外面发泄等；还有，你可能老玩些带有暴力倾向的游戏，受到了"熏陶"等。帮你分析这些原因，并不要为你的暴脾气找个合理的借口。我想说的是，爱发火，跟自身修养也有极为密切的关系。所以，除了加强抑制锻炼外，建议你多看一些能打动人心的文章或书籍，多听听节奏缓慢、旋律轻柔、音调优雅、优美轻松的音乐，这对安定情绪，改变暴躁的脾气也是有帮助的。在受到感染的同时，会让

21．改不了自己暴躁的脾气

自己变得"柔软"一些。

因区区小事而对同学发脾气,是极不礼貌的行为。比如那位踢疼你的同学,本来你们玩得挺高兴的,可无意间他踢疼了你,也向你道歉了,可你呢,却敢把人家那么贵重的东西往地上扔。你那痛快的泄气是建立在别人的痛苦之上。如果把你调个位置,有人对你大发脾气,你会怎么想?

好朋友的关系是靠"服气"服出来的,不是靠人家"怕"你怕出来的。所以,要想和同学做好朋友,就应该宽容、大量、温和,只要有决心、有恒心、有行动、坚持努力,相信你那暴躁的脾气一定会得到改进的。

⊙ 在许多场合,一声真诚的"对不起",简直有排山倒海的力量。

⊙ 让人与人之间产生凝聚力的,不是吵,不是骂,不是压,不是罚,而是友爱……

⊙ 如果你对别人施之以礼,别人也会对你以礼相待。别人对待你的态度在一定程度上反映了你的自我形象。

⊙ 学会笑,真诚的笑,宽宏友善的笑,不仅会给你的生活和学习设置一种独具魅力磁场,还会使你的人生更加辉煌。

 认识我自己

交往能力是个很重要的能力

良好的交往能力是一种很重要的能力。下面设计了各种环境中的对话,每种回答都标有不同的分值,做完后将总分值与结果对照,可以预知你的交往能力。

1. 在小饰品摊前,好多人都在那挤着挑,你和同学没有挤上前,你的同学说:"等一会儿再买吧!"你回答:

  A. 等一会也挤不上前呢。

  B. 好的,等这拨人挑完了再说。

  C. 就像不要钱似的,挤什么挤,真讨厌!

2. 在公共汽车上,由于人多互相拥挤,有人对你说:

"不要挤了!"你回答:

　　A. 是啊,你不要再挤了!

　　B. 对不起,人多啊!

　　C. 谁想挤啊,有本事家里待着去!

3. 与同学相约打球时,同学来晚了,赶紧对你说:"哟,我来迟了。"你说:

　　A. 真拿你没办法,一点时间观念都没有。

　　B. 没什么,反正也没有正事!

　　C. 幸亏你是我的好朋友,否则我可真生气了!

4. 在家中,妈妈说:"你的作业为什么老做得这么慢呀?"你回答:

　　A. 就因为你慢,我才遗传了你!

　　B. 就算不错的了,我已经写得很快了。

　　C. 别着急,我再写快点。

5. 在学校,当一个老师要找一个同学去办公室训话时,其中一位同学说:"他又该倒霉了。"你接着说:

　　A. 活该!

　　B. 爱倒霉不倒霉,关我P事。

　　C. 真不幸!

分析:

以上选择选A计1分,选B计2分,选C计3分。

分数为0—3分:你的交往能力不太乐观。在与人交往中，你喜欢主动挑别人的毛病，遇到不满意的事，就发脾气。如果老这样下去，你的人缘会越来越差的，在有集体活动时，没人愿意与你合作，所以，你得赶紧改改自己的脾气了。

　　分数为4—8分：你非常愿意与人友好交往，遇到问题时，也能替别人着想。即使是自己非常讨厌的事情，如果有必要，你也会说服自己去帮忙做的。需要提醒的是：过于理智，会显得冷漠没感情；过分迎合别人，过多地顾忌别人的感受，你就显得很没个性了。

　　分数为9—15分：喜欢什么，讨厌什么，你很少对外表露，但在行动上，你却能让人看出来。在与人合作时，不太照顾别人的情绪，不太善解人意，因此，建议你多从别人的角度思考问题，换位思考后，也许你就多会理解人了。

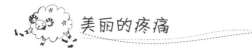

22. 长得漂亮就该烦恼多吗

本来,长得漂亮是一件好事,再加上学习成绩也出色,所以,基本上我就像沐浴着春风的小鸟,整天嘻嘻哈哈,快乐无比。然而,自从进入六年级之后,这美好的一切都被无情地打碎了。

每天迎着女生羡慕的眼光,男生时不时斜着眼睛的打量,我感觉跟以前没什么区别,谁让咱长得漂亮呢!

同学们在课余时间爱扎堆聊天。有一次,一帮女生叽叽喳喳地在说整容的事儿,我随意插了几句,说:"垫鼻子?万一手术做得不成功怎么办呀?万一材料不过关,那还不就像在自己的鼻子下埋进了一个'定时炸弹',说不定哪天癌变了呢!"

没想到,我说完以后,大家都静了下来,就好像沸腾的一锅开水突然被我倒进一盆冰水。我也好奇地看着大家,反问道:"难道不是吗?"但回答我的除了沉默外,还有那一双双复杂的眼神。终于,一位吃醋的女生说:"是啦,你当然是啦!"我也终于读懂了她们对我漂亮外貌的嫉妒。就这样,我在班里越来越被孤立。

值得庆幸的是我的同桌绍敏一直跟我很好,我们每天都形影不离的。可是好景不长,不知什么缘故,绍敏对我越来越冷淡。下课叫她一块出去活动活动时,她总是找借口不去,结果不一会儿,我就看到她和别的女生一起"活动"去了;放学后,我像以前叫她时,她总是冷冷地说:"你先走吧,我还有事呢。"据我偷偷观察,她其实并没有什么事。在我的反复逼问下,她竟然咬牙切齿地说:"实话告诉你吧,我才不想当你的绿叶呢!"原来相貌平平的她,终于受不了大家对她的嘲笑,也离我而去。

长这么大,我第一次真正地为自己的漂亮而烦恼不已,学习成绩也像情绪一样一落千丈。

正当我在女生中的人气指数几乎为零的时候,许多男生却对我青睐有加。于是,陷入孤独落寞的我也乐于和这帮男生

一起说说笑笑了。他们的心眼儿自然比女生大多了。本来，我对每一个男生态度都一样，都是大大咧咧的，应该不会引起什么异议。可是班上那帮对我暗自嫉妒的女生在背后对我指指点点、说三道四。对此，老师指责我，父母痛骂我，同学群起而攻之。天啊，怎么全世界的人都在误解我啊？

　　从这时起，漂亮让我产生了罪恶感和自卑感。我保护自己的唯一办法只有封闭自己。为了避嫌，我开始对男生采取一种爱理不理的策略，对自己的一言一行也特在意：不能在公开场合放开地笑，那会被误为勾引男生；遇到困难也不能哭，那也会被人拿来说事儿的；待人不能冷淡，也不能热情，最后，连我自己都不知该怎么办好了。虽然，我想把心思全部放在学习上，但是，在外界的干扰下，我的内心怎么也平静不下来。成绩始终处于滑坡状态。尽管我生活在不能自拔的痛苦里，可是那些吃醋的女生和遭拒绝的男生又开始对我横挑鼻子竖挑眼，说我："除了漂亮还有什么？傲什么傲！"

　　是啊，我除了外表漂亮外还有什么？没有了骄人的学习成绩，没有了纯真的友谊，甚至没有了亲情。老师经常联合我的父母对我大发脾气，对我严厉教训，对我"严加"看管，不让我误入"泥潭"。妈妈竟然当着我的面叹息道："唉，女孩子太漂亮了也不是什么好事啊！"她全然忘记了小时候的我是她的骄傲。

　　唉，漂亮让我活得真是好累好累！班上的女生联合制裁我，不理我，把我晾在一边，让我好难受；一些男生老给我写情书，让我害怕；班主任老找我谈话，告诫我注意影响……我实在想不通，长得漂亮莫非也成了过错？

　　　　　　　　　　　　　　　MM　女生　六年级

快乐由你

MM：

　　漂亮女生容易让相貌平平的女生自惭形秽，使她们产生嫉妒心。所以，对于同伴的嫉妒，MM不妨反省一下自己，自己是不是以容貌漂亮骄傲过？一言一行是否可能会带出对别人的轻视。漂亮女生要更加尊重周围的同伴，注意不在她们面前多

22．长得漂亮就该烦恼多吗

谈容貌问题。

当然,漂亮的女生因为出众,也难免有时会遭到非议,这也是成长过程中的一个自我完善、自我成熟。在与男生的交往中,漂亮的女孩儿要注意内敛一些,庄重一些,矜持一些,这样才会使人感觉她既漂亮又不轻浮,对她既喜欢又尊重。同时,也一定要努力学习,提高素质,增加内涵。"表里如一"才是漂亮的内核,做到了这些,漂亮的你一定会赢得好人缘的,那么内心的烦恼也就烟消云散了。

如果采用以上方法都不见效的话,那么MM不妨这样想:自己的出类拔萃不仅仅是外貌的漂亮,还有内在的气质,走自己的路,让别人说去吧!

◉ 最美的笑是一种发自内心的阳光,而阳光是无法制造的。

⊙ 会主动欣赏别人优点的人，也是懂得欣赏自己的人。如果一个人让别人更想亲近，就是有影响力；把自己最棒的部分表现出来，就是有创意、会合作、有潜力。

⊙ 美丽是一种天赋，自信却像树苗一样，可以播种可以培植可以蔚然成林可以直到天荒地老。

⊙ 一个品质高尚的人，永远是年轻和美丽的。

口头禅与信心

和同学聊天猛侃神聊的时候，你说话带口头禅吗？如果有，你常说的是哪一种，请选择：

1. 真的，你不信啊？
2. 当然了。
3. 听说是这样的。
4. 可能吧。
5. 我告诉你啊。
6. 嗯、嗯……

22．长得漂亮就该烦恼多吗

分析：

选1：喜欢带这种口头禅的人，不太自信，总是害怕别人不相信他说的话，总是急于强调自己说的事情的真实可靠性。

选2：喜欢带这种口头禅的人，自信心很强，总以为别人相信自己说的一切。这样的口头禅还是要少用点哦，因为，你总不能控制别人的大脑吧。如果当大家了解到你说的观点，经常与事实有点不太一样的时候，时间长了，大家就不太会相信你了，尤其是当班干部的人，还真是少说点为妙。

选3：喜欢带这种口头禅的人，性格比较优柔寡断，说话就自然不太肯定了。或者根本就想把话说得活一点，万一不是那么回事时，也好让自己有个台阶下。

选4：喜欢带这种口头禅的人，嘴上说的和心里想的经常不一样，主要是不想表达自己真实的看法，这类人遇到问题时比较冷静，脾气超好，不容易得罪人。在班里人气比较旺哦。

选5：喜欢带这种口头禅的人，个性比较强，总想表现自己，无论什么事情，总想把目光吸引到自己这边来，但是，遇到问题时，也会用此口头禅来为自己开脱。不过，说话不是太难听，也能够让人能理解、能接受哦。

选6：喜欢带这种口头禅的人，脑子可能反应慢，或者脑子反应快，话却跟不上。或者是不善言谈，或者怕说错话，许多话需要琢磨着说。

22．长得漂亮就该烦恼多吗

美丽的疼痛

23. 谁说少年不识愁滋味

我特别渴望做一个非常开朗的女孩子，不想因为一些小事而生气、伤心。我也非常想和同学们做好朋友。可是，我的成绩有些差，再加上长得丑，同学们都不愿意跟我玩。我觉得自己很自卑，越来越内向，越来越孤独，我感觉自己一天到晚生活在痛苦之中。

有一次，我生病休息了几天，病好后，去上课的第一天正好赶上语文考试，结果

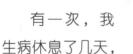

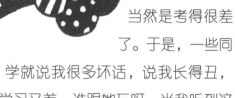

当然是考得很差了。于是,一些同学就说我很多坏话,说我长得丑,学习又差,谁跟她玩呀。当我听到这话的时候,心里难过死了。我心想,长得丑,这是天生的,没法改变了,可是学习成绩可以通过后天勤奋改变呀。于是,我上课好好听讲,课下好好复习,终于盼到了考试,也终于考得了高分。可是,那一帮爱在背后嘀嘀咕咕的女生还是到处说我的坏话,说我长得丑,没有跟我玩,就只好死啃书本了。如果用功再考不好的话,她们说我一定是弱智了。害得我不知道是考高分好,还是考低分好。

还有一次,做值日时,教室里的尘土很大,我想给地上撒点水,而一个女生的作业本正好掉到地上,一不小心沾了点水,那个女生就对我破口大骂:"喂,你长没长眼啊,你找死啊?把我的作业本弄得这么脏,我怎么交给老师啊。"我忍不住哭了起来,而旁边另一个女生还帮她说话,在旁边加油添醋地说:"对,告诉老师去,就说这作业本是她给弄脏的。"当时我痛苦死了,这本来不是我的错啊。我很想把这些痛苦告诉爸爸妈妈,但我又不敢,我害怕他们也会骂我太笨,在班里受人欺负。

其实,除了我的成绩差点,长得丑点外,我还是有很多优点的。比如我唱歌唱得好,毛笔字也写得好。可我们班的同学却不这么认为。因为,我的歌唱得好,他们谁也不知道,每次我唱歌的时候都是躲在家里唱;我学书法,曾参加过大赛,还获过大奖呢。这些我都没说出来,不是我不愿意说,而是因为我害怕她们又说我的坏话,说我丑八怪歌唱得好、字写得好有什么用。在学校发生的这些事,我都不会告诉爸爸妈妈,我只想有一个真正的好朋友,对我非常好的朋友,这样,我的这些忧愁就可以告诉她了,说不定她有什么好办法来帮助我解决这些忧愁。

苦菜花　女生　五年级

 快乐由你

"苦菜花":

从你取的这个笔名里,我就能感受到你那在群体中备受欺负的痛苦。一个想快乐而又无论如何也快乐不起来的女孩儿,真令人同情。我真想对那些欺负你的同学大吼一嗓子,但我吼管什么用啊,靠别人还不如靠自己来得有效哦。

要想结束这种痛苦的局面也不难,难的是你要练练自己的

胆量，去打败那个看别人脸色、性格懦弱的自己。

别人说你丑，你就认定自己丑，傻得好可爱哦！我觉得小女孩儿只要打扮得干干净净，举止得体，礼貌待人，都是很美的女孩儿。

从现在开始，把自己最得意的一张照片带在身边，每天上学前，你一定在心里对自己默念10遍："我很漂亮，我就是很美，我决不在乎别人怎么看！"然后，昂首挺胸地走进教室；当有人故意找碴欺负你时，你要知道反抗并知道怎么反抗。比如，对那个把你骂哭的女生，你一定要睁大一双咄咄逼人的眼睛，直视着她，然后大声地、一字一句地告诉她你的不满。

如果你走出了这一步，我就要为你鼓掌喝彩了。这可是你要开始慢慢地甩掉忧愁的最有力的表现啊。

呵呵，你就会马上享受到战胜自己的快乐和喜悦了。

在敢于对欺负你的人说"不"时，你也要注意观察那些人缘好的同学，是怎么与别人交流沟通成为好朋友的，这会给你带来启发的。

与人相处也是需要互相学习的嘛。当你敢在班里的联欢会上大声地唱一曲自己最拿手的歌时，当你用自己漂亮的字体把班里的黑板报装饰得赏心悦目时，当你经过努力每次都能取得好成绩时，你就一定会感到，原来昂起头自己是那么的美，也会让那些欺负你的人刮目相看。只要你做到了上面这几点，我相信你的境遇会得到改善的。

"苦菜花",我还想告诉你的是,当你遇到伤心痛苦的事儿时,第一个寻求帮助的就是自己的老爸老妈了。没有告诉他们,你怎么就知道他们会骂你笨呢?这只是你的猜测而已。其实,天下的爸爸妈妈都希望我们快快乐乐地成长的。在自己解决不了的情况下,你应该把自己的痛苦经历甚至一些细节告诉他们,并请求他们帮你分析原因,帮你出出主意。也可以向老师寻求帮助。当然,无论向谁寻求帮助,我觉得他们只是出出主意,帮你想想对策。记住,最后的一切还是要靠自己。因为每个人最大的敌人就是自己。

希望在不久的将来,"苦菜花"能变成"开心果"。

◉ 被伤害时要敢于表达不满。

◉ 每一个同学都应学会尊重别人,这样,别人才会尊重你。

◉ 要学会表达自己的喜悦和不满,在不断地战胜自我和克服挫折中长大。

◉ 在与同伴的交往中学会沟通，学会宽容，学会理解。

◉ 容忍和迁就有时并不利于问题的最终解决，而只会使自己陷于被动。

 认识我自己

实际年龄VS心理年龄

在校园里，我们经常看到阳光灿烂、充满活力的人，可你注意到没有，也有一些年龄不大却老气横秋、萎靡不振的人哦。对一个人来说，实际年龄并不重要，重要的是心理年龄啊。

不管你现在有多大，请你如实回答下列测试题，这将有助于你更好地了解自己的心理是否健康。可以回答为完全同意、部分同意、基本不同意和完全不同意。

1. 认为自己比较开朗，比较搞笑。
2. 心里明白自己在老师和同学心目中的形象。
3. 老盼望自己能碰上好事。

4．觉得自己在班里很受人欢迎。

5．有时候和好朋友争得面红耳赤，但争过后，我们还一样是好朋友。

6．喜欢看娱乐节目。

7．总喜欢让自己忙得不得了。

8．无论干什么，我总是绞尽脑汁，希望做得更好。

9．喜欢探究一切感兴趣的东西。

10．学习成绩不错，业余兴趣也很多。

11．在大型活动中，喜欢趁机多交朋友。

12．刻苦学习，是想长大后能适应社会。

13．有时会浮想联翩。

14．郁闷的时候，喜欢听音乐来缓解。

15．喜欢新观点，愿意紧跟时尚走。

16．不会把困难和挫折当回事，并且总想战胜它们。

17．听到有人说自己的坏话时，也不会往心里去。

18．会把自己内心最隐私的东西告诉老爸老妈。

19．喜欢体育，总想跑一身臭汗，感觉那样很爽。

20．不怕和陌生人聊天。

21．总想学点真本事。

22．总想展示自己的才华，效果也不错。

23．不会为一点小事儿忧心忡忡。

24．喜欢我们学校，喜欢我们班的老师和同学。

25．一有机会，我就会和同学一起玩得开开心心。

分析：

答完全同意计4分，答部分同意计3分，答基本不同意计2分，答完全不同意计1分。

总分75分以上：你不受实际年龄的影响，很活泼，很自信，很与人为善，和老师同学都能相处得愉快。。

总分50—75分：在成长的过程中，忧虑、烦恼和压力让你高兴不起来，别看你年龄不大，可是，却有点未老先衰啊。你能不能让自己快乐一点，技巧就是把不愉快的东西，把折磨你心灵的东西统统让它们见鬼去，时间一长，还愁自己变不快乐吗？

总分50分以下：你比同龄人显得阅历丰富，经验颇多，有点了不起。不过，这个阶段是否来得早了点。

24. 我吃了"一大堆泥巴"

有一件事,直到现在我还想不明白,搁在心里闷得慌啊。我认为我没有错,当我想去证明我的观点时,不但遭到无情的拒绝,而且还吃了"一大堆的泥巴"。

那是一个"黑色"的星期四。期中考试卷发下来了,当老师念到我名字的时候,我自信满满地走上台去,可没想到,上去后等待我的是一句怒吼:"让填诗,你填词干什么?不知道看题啊!"我惭愧地低下了头,因为我认为一定是自己错了。可是,当拿到试卷一看时,我呆了,没想到不是我的错,而是老师改错了。于是,我暗自高兴,心想,这回我又可拿回5分了。让我伤心的是竟被老师拒绝,在我走下讲台之后,老师又送我一句话:"这试卷又不是我改的。"你听听这话说得多么冷漠,无形中,深深地刺痛了我的心。要不是面前有其他同学,我真的……真的(一千一万个'真的')会哭,呜呜

呜……

我知道老师是人，也不是神，也有出差错的时候，何况老师还曾说过，她们做错了什么，我们也可以提出来，她们会谦虚地改掉的。可是，这次，老师不但没有改，反而连一个解释的机会都不给，就把我拒之门外。难道被人拒绝的滋味好受吗？

在班上，有许许多多的人对老师都不满。开始时，我反对他们这么做，告诉他们，老师也有对我们好的地方，举了许多事例来劝说他们。可是，现在，我对老师的这种做法也实在有一点不满了，怎么办啊？这几个月里，我们的老师脾气十分暴躁，一些"善言"都被老师拒听。有些同学做的事没达到她的要求，或者跟她反着来，她就大发脾气，害得我们上课总是小心翼翼的，见了老师就跟老鼠见了猫似的。

我真弄不明白，以前那个慈祥和蔼的老师哪去了？以前，我们师生相处得多么融洽啊。可现在呢，我们同学对她的怨声太多了！再这样下去的话，我们可真沉不住气了。

春天的夜里，我的世界一片漆黑……我在等待有人帮我找回光明！

春夜没喜雨　女生　10岁

24. 我吃了"一大堆泥巴"

 快乐由你

亲爱的"春夜没喜雨":

看来因为向"老师没有讨得一个说法",你的怨气越来越大喽。

首先我坚决支持你的做法:去找老师,把判错的地方给改过来。这并不是较真。分的多少在其次,重要的是:做学问是一件严肃认真的事情,如果你这次没弄明白,下次同样不明白;在是与非上,应该有一个标准,而且要坚持这个标准。

还有,你还是一个非常通情达理的好学生呢!认为"老师是人,也不是神,也有出差错的时候"。

正常情况下,老师拿过试卷核对后,把分改过来,还给学生时,再表示一下抱歉。

可是,事实上,老师知道改错了以后,却拒绝改过来,并且甩给你一句:"又不是我改的!"老师的冷漠深深刺伤了你,让你想哭。可是哭和怨恨是解决不了问题的。如果你真没有把老师当做神,而是当做人来看的话,那我们为什么就不能想出一个更好的办法,去向老师指错呢?

告诉你一个小窍门哦,保证让老师能够愉快地接受。

当我们发现老师判错题时,不是毫不客气地指出来,而是微笑着对老师说:"老师,请您给我检查一下我错在哪里好

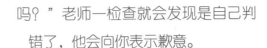

吗？"老师一检查就会发现是自己判错了，他会向你表示歉意。

当老师把题改错了或者对我们批评错了的时候，一定要等下课后再和老师说清楚事情的经过，千万别在课堂上当着大家的面去申辩，那样既占用上课时间，耽误大家学习，又会影响老师评讲试卷或者讲课的情绪。

你说老师以前很谦虚，很慈祥，曾说过有什么错同学可以给指出来，并表示要改掉的。这说明你的老师真的很好。为什么现在却变得脾气暴躁，越来越不容易相处了呢？我们可以体谅一下老师嘛。是不是同学们受到老师鼓励，不分场合、不留面子地经常给老师纠错，让老师感到很烦恼了呢？或者最近老师身体不太舒服，或者情绪不太好而带到课堂上来了呢？

总之，对待老师未曾意识到的小错误，我们不能毫不客气地指出来，也不能置之不理，而是要讲究场合，语气要平和，态度要真诚。

有了大家的相互理解和体谅，而不是相互指责和埋怨，希望老师又成了受大家欢迎的慈祥和谦虚的老师。

24．我吃了"一大堆泥巴"

◉ 不要说丧气的话：比如"我失败了"、"我怎么那么倒霉呀"等。而是要用"出了点小麻烦"、"弄糟了"、"我要想想办法"等词来对待挫折。

◉ 我们要成为一个"有许多选择的人"，这些选择包括接受训练、学习新本领以及鼓足勇气改变奋斗方向。

◉ 假如错误常常是在所难免，那就让我们记住它们，探究它们的原因，权衡它们的分量，寻求对它们的补救。

老师喜不喜欢你

你是一个让老师喜欢和重视的学生吗？先别急着回答，不妨问问自己以下这几个问题。

1. 平时遇见老师时你会阳光灿烂地打招呼吗？

A. 老远看见老师，就赶紧拐到一边去。

B. 和老师打个照面，然后低下头匆匆离去。

C. 大大方方，很有礼貌地向老师问好。

2. 一有不懂的问题就赶紧问老师吗？

A. 不问，因为成绩不好，怕老师烦我。

B. 偶尔问，因为很紧张，怕老师说我这么简单的题都不会做。

C. 经常问，觉得经常向老师请教问题，老师很高兴，夸我爱学习。

3. 当老师来上课时，你是怎样表现的呢？

1) 老师走进教室，见黑板未擦，就什么话也不说擦了起来。

A. 盯着老师看，一直等老师擦完了再上课。

B. 不愿主动帮忙擦，但又怕老师说，只好假装忙着看书，遮掩自己。

C. 赶紧跑上讲台，从老师手中抢过擦子自己去擦。

2) 放学后，你和老师同时出现在学校大厅，可是外面正下着大雨，而老师没带伞，正焦急中，你会：

A. 不看老师，就打着伞走出去了。

B. 向老师问好，但并不想把伞借给老师。

C. 主动要把伞给老师。

24. 我吃了"一大堆泥巴"

分析：

说明：选A计0分；选B计2分；选C计5分。

16—20分，说明你能很自然地向老师问好，你比较自信，自我感觉老师喜欢你，你也的确做得不错，懂得关心体贴老师，善解人意，学习也很好。

10—16分，你给人的感觉是不太懂礼貌，这实在是冤枉了你。事实上，你是不好意思问好，或者，你还没养成向老师问好的习惯，难怪要被人误解。其实，你要变得落落大方，也不是一件难事，那就是改变自己的想法，不要误以为老师偏向成绩好的学生，他们对好学的学生一样很喜欢呢。不信就多和老师交流交流吧，你一定能行的。

0—10分，说明你这个家伙不怎么招人喜欢呢。但是，只要你能做个有心人、细心人，尊重老师，再加上点交际技巧，让老师对自己多一份关注，多一份喜爱，并不是什么难事哦。

美丽的疼痛

25. 怪"毛病"让我发疯

最近，不知怎么回事儿，也不知从什么时候开始起，我的身上新添了一些"怪毛病"。

比如，写完一行字后，非要从头开始把这句话反复看几遍，确信没有什么毛病后再写下一句，写完下一句后，还是要把它们检查几遍才放心地往下进行下去，害得课代表每天抱着一摞本子不停地敲着我的桌子狂喊："快点！快点！就差你的啦，你怎么那么慢呀？"

为此，老师也第 N 次找我谈话了，批评我写作业太磨蹭，要我精力集中。其实，冤死我了，我哪里是磨蹭啊，我哪有精力不集中了。

再说说昨天晚上的事吧。

到了9点半，我还有一个语文小报没做呢。于是，妈妈一次又一次地在我房间里进进出出，还不停地对我嚷嚷："快点了，快点了，刷牙洗脸上床睡觉，明天你还上不上学呀。你怎么这么'肉'呀……"她那一副着急又帮不了忙的感觉，让我心里也烦躁透顶。到了10点半，终于把小报做好了，我也困得哈欠连天。赶紧收拾书包吧。可是，明明知道我的学习用具都带齐了，作业本也放进去了，可是我就是放心不下，一遍又一遍地把书包打开，翻过来翻过去地检查，看看落没落下东西。妈妈一看我那样子，早就对我不满意了，终于，忍无可忍的她，冲了过来，把

我的书包往边上一推，一边把我往洗漱间里拽，一边还用手指头不停地点着我的脑袋说："小小年纪怎么跟七老八十的人一个样？啊？你到底是怎么回事啊？"

哎呀，我也好想好想知道是什么原因呢！

本来我在生活和学习上没有什么烦恼的，可是自从有了这个怪毛病后，我的学习和生活全被搅乱了。作业老不能按时交，上课都走神，想那些让我无缘无故担心的事儿。别说是老师、同学和爸妈烦，我自个儿都烦死自个儿了。可是我又控制

不住啊。

想到每一天都要这样过,我都快要疯了。

邹州 男生 六年级

快乐由你

邹州:

我们反复检查作业是正常的,检查学习用具带齐了没有也是正常的,但如果在确信自己做对了和带齐了的情况下,还要忍不住查了又查、看了又看,那就不正常了。

真糟糕,从你苦恼的诉说中,可以看出,你的想法和做法并不偶尔一次,而是反复出现,那就属于非正常了耶。心理学家称这为"强迫症",就是自己强迫自己去这么想,自己强迫自己这么去做。

25. 怪"毛病"让我发疯

不过,这种"怪"毛病并不怪。据我所知,许多大人也常常抱怨:"也不知我这是怎么了?早上出门明知道门锁好了,还非要把门推来推去地检查。晚上又老担心门没有锁好,老是一遍又一遍地去看看。"还有的人走在路上非要数路边的树,有的人老觉得自己的手摸过这摸过那,老想洗手……

不管是对大人还是对小孩儿来说,这都不是什么大不了的"怪毛病"。一般来说,有这种"怪毛病"的人往往胆小怕事,内心深处没有安全感,做起事来犹犹豫豫,却又要求自己做得十全十美,或者是心理压力太大造成的。

OK，搞搞清楚是怎么一回事了，现在，我们可以想想对策了。

心理专家给我们提供了一种缓解心理压力的办法——皮筋治疗法，当心理紧张或钻进牛角尖时，马上用套在手上的皮筋绷一下自己，暗示自己不要再想这个问题。听说，这招简单好使，而且还特别管用呢！

比如，每次要一口气将作业全部做完后，再回过头来检查。本来就是嘛，谁在做作业或者考试时边做边检查的呀，那还不死定了！另外在检查作业时，只要认真，一遍就过。

如果自己强迫自己要反复检查，那你就想着："我已经检查完了，还有人等着我踢球呢！Bye-bye！"或者是："我才不会跟你多费心思呢，妈妈做了许多好吃的美食，我的口水都流出来了呢。"

确信自己把作业和书包检查完了之后，就放到自己的眼睛看不到的地方，然后去做自己更想做的事，或者更想看的一本书中去。当你的脑子被另一件更有吸引力的事占满了时，你就会慢慢淡化那些不必要的想法和做法了，你的"怪毛病"也就会逐渐消失了。

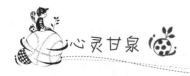

心灵甘泉

◉ 当我们遇到问题，百思不得其解时，换换思路，转移注意力，也是诱导好主意出现的办法。

◉ 将自己置身于有成就和乐观的人群中。如果总是与情绪快乐的人在一起，则自己也会受到感染。

◉ 激励自己去完成一项漫长而艰巨的工作，将它分成若干步骤去做，每完成一步就奖励一下自己。

◉ 思想决定行为，行为决定命运；要改变命运，就要改变行为；要改变行为，先要改变思想。

◉ 身处逆境，就要想办法改变逆境。

认识我自己

你是否勇于迎接挑战？

1. 轮到你们小组做板报了，你将选择哪方面的工作？

A. 写稿和组稿，还要费心地把它们改好编好。

B. 安排什么内容放在什么位置，并亲自往上抄写。

C. 只想打打下手，也可以校对一下板报上的文字。

2. 可是刚刚开个头，由于种种原因，板报办不下去了，你怎么办？

A. 看问题出在哪里了，赶紧到高年级有经验的人那里取经。

B. 想尽一切办法完成板报。

C. 算了，不费那个劲了。

3. 到了一个新的环境，你会用什么办法认识新朋友？

A. 等着别人介绍。

B. 利用一切机会，自己主动"出击"。

C. 通过一个同学结交另一个同学，不断地这样做。

4. 有一件东西你很喜欢，但你又买不起，你会怎么办？

A. 慢慢把零花钱攒起来，直到可以买得起了。

B. 直接向爸妈伸手要。

C. 买不起或爸妈不愿赞助就算了。

5. 假始你现在长大了，如果回忆自己的，你会觉得最大的遗憾是什么？

A. 很少有非常开心的事情。

B. 没有几次考试在班上能拿到前几名。

C. 没有培养出音乐细胞。

25. 怪"毛病"让我发疯

分析：

题号	选项		
	A	B	C
1	2	1	0
2	0	2	1
3	1	2	0
4	0	1	2
5	2	1	2

0—2分：你喜欢在稳定中追求上进，你有很大的发展空间，加油哦，坚持才会赢。

3—5分：你很能干。虽然偶尔也想来点刺激，但总的来说，你还是喜欢安静，不喜欢折腾。所以，在关键时刻，还要拿出你的劲头，才有可能成功呀。

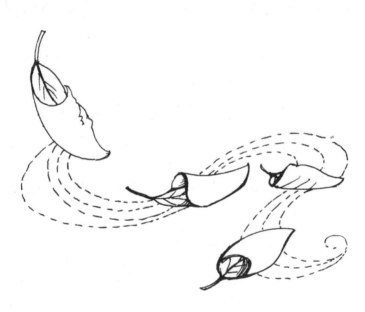

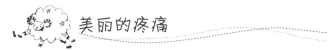

26. 做班干部真累

这是我第三次走到办公室门口,准备向班主任祁老师提出辞职了。

卫生委员这个班干部,如果再当下去的话,我非疯掉不可。

我这个卫生委员是老师任命的,不管怎么说,虽然是管班级卫生的,可好歹也是个班干部。所以,刚开始时我还高兴得老想笑,可是,很快我就笑不起来了。

我们班的女生个个都爱干净,可是一个比一个懒。每当轮到她们做值日的时候,总是站在那里磨磨蹭蹭,谁也不愿意出力。如果我批评她们,她们就会联合起来,冲我大叫:"你是卫生委员耶,你是男生耶,你应该带头干呀!"所以,为了让自己的耳朵清静一些,我只好"带头"干起来。时间长了,每个值日小组都这样对待我这个卫生委员,这让我好累呀。有好

几次，快上课了，值日生还不去擦黑板，眼看老师快来了，我才风风火火地赶紧去擦。如果我不是卫生委员，那我就不用每天值日了吧？我曾两次去找老师，提出辞职，可是，我又怕老师说我不敢承担一点责任。所以，每次都是走到门口后又掉头回来了。

最近学校又要求每个班的卫生委员，轮流到各班查卫生。这对我来说，可真是雪上加霜。

有一次，我到一个班去检查卫生，发现他们教室里有很多废纸，我就扣了一分。结果，他们把纸捡起来后，就开始跟我大叫："凭什么扣我们班的分呀？你们班那么脏，我们的卫生委员也没有扣你们班的分呀！"

就这样，我只好迈着沉重的步子走到一个个教室……不过，看到脏乱差时，我跟自己斗争了很久，最后还是拿起了笔。有一次，我给某个"集体荣誉感"特强的班级打个优减时，这个班竟有半个班的人追出来，向我讨个"说法"。我真快被他们逼疯了。

在这之前，我一直认为当值周生的人能扣别人的分，很气派、很威风。现在，我可尝到滋味了。当个班干部不容易，当个好班干部更难。心情郁闷的我，就跟我妈说了。早就反对我当这个卫生委员的妈妈说:"辞了辞了,一个卫生委员有什么好当的,又不是学习委员!"

唉,怎么办呢?眼看快磨蹭到办公室门前了,我该怎么向老师解释辞职的理由呢?在我没想好辞职的理由前,妈妈的这个理由可是万万不能用的。

郁闷男　男生　13岁

快乐由你

亲爱的"郁闷男":

我好同情你啊,要是我,也非得给自己取个"郁闷女"的笔名。但是,我非常理解你的苦衷。是啊,卫生委员确实是个出力不讨好的差事,既然是"检查",就免不了要挑毛病。可是,谁愿意被人挑毛病呢?看来,不管谁来当这个卫生委员和值周生,都要做好被埋怨的心理准备。但是,靠替别人值日来解决这个问题,实在是下策。因为,一个人的精力毕竟是有限的,更因为这样不利于培养班级同学良好的品德和习惯。

你虽然有"辞职"的愿望,但并不太坚决,这说明,你不

想让老师说你"不敢承担一点责任"。可在我看来,你不是不敢负责任,而是太负责任了,甚至把别人的责任也"揽"了过来,尽管你是十二分地委屈。

为了当个不被人埋怨的、洒脱的卫生委员或值周生,还得想点儿辙才行。

我建议你先不要辞职。改变一些做法之后,也许你会成为一个"不动扫帚的卫生委员"。当然,这并不是说你不以身作则,而是说明你在严格要求自己的基础上,提高了自己的工作能力,学会了调动大家的积极性。那才是一个班干部应该做的事,而不是替每一个人去值日。

首先,在同学没有养成良好习惯之前,要向老师寻求有力支持,制定可行的奖惩制度,坚决执行,直到每个同学都明白自己应该承担的责任和义务。

其次,你当卫生委员,并不想以权谋私、逞威风,而是事事都亲力亲为;遇到脏乱差时,你还是拿起了笔……这足够说明你具有榜样力量,办事也具有原则性,这是你令人心服口服的前提。在这个前提下,又有老师强有力的支持,我相信过不了多久,你的许多"强制执行"就会变成同学们的"自觉行为"了。

"一个卫生委员有什么好当的,又不是学习委员!"你妈妈的这个观点是不对的。不管当什么班干部，都包含着老师对你的信任。你要做的是，不辜负老师的信任，并借此机会很好地锻炼一下自己的号召和组织能力。

当然，如果过一段时间后，你的种种努力还不见成效，一些事情还那么让你为难的话，再找老师辞职也不晚。毕竟人各有志，各有其长。

◉ 其实人的改变就在一瞬间。只要你思想上有了一种强烈的要改变的意识，改变就会出现。

◉ 要想有不同的结果，就得有不同的做事方式；要想有不同的生活世界，就得有不同的自己。

◉ 你无法取悦每一个人。如果你试着取悦每一个人，你将会失去自己。

◉ 一个人无论怎样杰出和卓越，都不是无所不能的超人。

26．做班干部真累

 认识我自己

你做班级工作的情商如何

情商是复杂的,因为它的衡量标准相当不确定。不过,如果你想对自己的情商状况有一个大概了解的话,下面这个小测验会对你有所帮助。

尽量诚实地回答下列问题,估计在你的老师、同学和家长的心目中,他们对你下列每一项特征的评价如何?

1. 在出现状况时,你很冷静,并会鼓舞士气,然后大家一起想办法解决问题。

2. 出现棘手的事情时,你能甩掉压力,并让自己的思维保持畅通。

3. 如果做错了事情,你会主动承认,并想办法弥补的。

4. 说话算数,就是说,干什么事,只要说出来了,就要做到底。

5. 喜欢给自己订个目标,然后就会努力去实现它。

6. 学习用具和生活用品都摆得整整齐齐,如果需要,就很容易找得到。

7. 喜欢收集各种信息,并保存好,以备以后查阅。

8. 喜欢给人出主意,并且既实用又很有创意。

9．几件事扯到一起，需要同时处理时，能很快理清头绪，分清主次。

10．在努力的过程中，眼睛总是盯着目标而埋头苦干。

11．喜欢做有创意的事情，喜欢接受有挑战性的工作，哪怕很冒险。

12．喜欢在工作中创新，也能虚心向人请教，哪怕总体上比不上自己的人。

13．为了集体，可以随时放弃自己的休息和利益。

14．能积极参加学校组织的一切活动，并且也认为这些活动的确不错。

15．总喜欢在做完调查之后做出选择或决定。

16．喜欢组织一些有创意的大型活动，并想办法吸引大家都参与进来。

17．一个小目标实现了，会很快定出下一个要实现的小目标，总之，不能让自己闲着。

18．遇到困难和挫折时，也会郁闷一阵子，但很快会调整过来的。

19．喜欢直来直去，不喜欢拐弯抹角。

20．支持新观点、新理念。

21．很少让冲动或波动的情绪影响我的学习和班级工作。

22．当情况发生变化时，我能很快地摸清情况，并且想办法改变它或者适应它。

23．喜欢从各种渠道收集信息，好让我的工作开展得更顺利一些。

26．做班干部真累

24．失败了，不喜欢追究责任，也不喜欢推卸责任，只想找出原因来，好解决出现的问题。

25．干什么事总是往好的方面期待。

分析：

说明：表示非常赞同计4分，表示比较赞同计3分，表示差不多计2分，表示不同意计1分。

低于70分，工作情商有点问题。如果你的总分偏低，不要绝望：情商并不是不能提高的，情绪智力可以通过学习获得，而且实际上我们每个人一生中都在提高它，尽管程度不同。

美丽的疼痛

27. 我真是个"事儿"妈吗

　　自从进入六年级以后，不知怎么回事，芝麻大的一点儿小事儿，就能把我气得泪流满面或者号啕大哭。

　　每天早上呼吸着清新的空气去上学，应该心情很舒畅，可是大自然赐给的好心情常常遭到人为的破坏。每次经过通往学校的那条小胡同时，各种车辆常常堵在那里，让人心急如焚。好不容易挪了点空地儿，那些低年级学生的家长硬是拉扯着他们的儿女们，千叮咛万嘱咐着。于是，郁闷的我，愤怒地猛按一阵车铃，他们才会如梦初醒，急忙跳开。可是，就这么短短几秒钟，就能让我紧张而厌烦好一会儿。

　　真想不通，这些家长都在家干吗呢，不把该说的话全说完？眼看都要迟到了，还堵在那里唠叨个没完！

　　最近和同桌也处得不好。说是最近，其实都有一个多月了。说起来也没有什么大的矛盾，但一件件的小事积累起来，那"矛"和"盾"的分量也就不轻了。

有一次下课了,坐在座位上的我,将两条腿平行抬起,伸个懒腰,好爽哦!同桌也学着我的样子,看着她那躬起的"虾米"腰,我笑了笑。一看我笑了,同桌就更来劲了,不管我愿不愿听,她就开始对我唾液横飞,讲她昨晚看到的一个电视剧。她一边讲一边笑,越笑就说得越快,其实,我根本就没听明白。

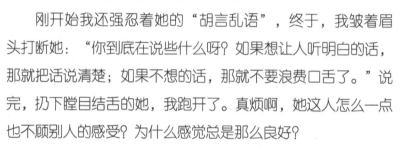

刚开始我还强忍着她的"胡言乱语",终于,我皱着眉头打断她:"你到底在说些什么呀?如果想让人听明白的话,那就把话说清楚;如果不想的话,那就不要浪费口舌了。"说完,扔下瞠目结舌的她,我跑开了。真烦啊,她这人怎么一点也不顾别人的感受?为什么感觉总是那么良好?

接下来又有几件事情让我好生气。比如她借我的橡皮,用完之后就往我这边一扔,我就非常生气。为什么就不能好好地放进我的文具盒里呢?类似这样招我生气的事多的是。我说她,她竟然还"据理力争",冷笑着说我:"你怎么那么多事儿啊?整个一个'事儿'妈!"气得我都哭了好几次。终于,我们谁也不理谁了。

在外面不顺心也就算了,回到家里,心情应该调理得好一些吧,可是,家里一样让人心烦。一进家门,妈妈不是让我下楼买点盐就是让我帮她晾衣服。她为什么就不体谅我在学校累了一整天呢？要知道，还有一大堆作业在等着我呢。虽然我心里气鼓鼓的，但还是——照办了。刚坐下来做一小会儿作业，我妈就开始不停地向我追问，就像那逼债的债主似的："做完了吗？还差多少啊？"听着这话，我心里那个气啊，憋在心里就出不来。你想啊，带着气，作业能做得快吗？于是，我就扔下作业，用被子捂住那快要气炸的脑袋，闷闷地流泪。

最可气的是昨天晚上，小姑带着两岁的儿子来我们家串门。本来，闲着没事的时候，我挺欢迎他们的，可是明天我就要全年级小升初的毕业考试了。这次统考虽然比不上中考和高考，但在我眼中也是非同小可啊。要知道，我为此"头悬梁，锥刺股"了好多日子了。于是，我就从我的房间跑到客厅里，对姑姑和她那个玩闹不停的儿子说："你们还是早点回去吧，我明天还要考试呢。"姑姑虽然连连说"好好好"，可是一直到9点了，她好像就跟我作对似的，还在厅里和妈妈又说又笑，一直到很晚才抱着闹够了、熟睡的儿子走了。我本想静下心来将明天要考的科目再看一遍，然后早点上床休息，结果，一个字也看不进去。

躺到床上，也翻来覆去地睡不着。气得我泪流满面，一边哭一边又想起最近的种种不顺来，最后竟变得号啕大哭起来，一晚都没有睡好觉。第二天眼睛红肿，脑袋欲裂，昏昏沉沉地上考场，结果可想而知了。我就想不明白，妈妈和姑姑她们为什么那么自私？这对我来说那么重要的事情，她们为什么就那

27. 我真是个"事儿"妈吗

么漫不经心地对待呢？为什么我做每一件事情都那么不顺心呢？如果再这样下去的话，我不会疯掉也会死掉。

郁郁　女　12岁

 快乐由你

郁郁：

　　美国研究应激反应的专家理查德·卡尔森说："我们的恼怒有80％是自己造成的。"

　　郁郁，冷静地想一想，你也的确如此呢！

　　为有人挡住去路生气，为同桌说话快生气，为来串门的客人生气……几乎生活中的每一个小事都能令你抓狂。

　　其实，你对于这些小事"耿耿于怀"，是因为你太在乎自己当时的心情了，这才是抓狂的根源。如果以平和的心态，采取商量的方式去解决那些小问题，那就很有可能是另一种结果了。

　　比如说礼貌地请同桌用完东西要放好，或者用开玩笑的口吻"教训"她："下次用完之后不放好，我就不借你喽，没条

理的家伙！"我相信，你的同桌会感受到你的友好，并会在下一次悄悄改掉乱扔的坏习惯。

还比如，当同桌说得太快时，如果你想听的话，可以请她别激动，把话说慢一些；如果你不想听的时候，你可以转移一下话题呀，或者找个借口逃掉。而你却选择怒斥，让同桌感到很没面子，友谊当然也受到了冲击，真不划算呢。

帮老妈做点家务活、你很重视毕业考试，我真的要对你竖起大拇指夸夸了。当紧张的学习与学习气氛不太谐调时，你带着暴怒的方式去处理问题，结果，把自己气得躲在房间，哭得昏天地暗，好好温习功课的计划自然泡汤了，真不值呀。其实，你可以请姑姑带着小弟弟到另一个房间去玩呀。还有，干脆直接亲密地挽起姑姑的胳膊，嘻嘻哈哈地把她"送"出家门，并表示考完试后，再请她们过来玩。我相信姑姑肯定会理解的。

人的一生不可能一帆风顺，人生就是在不停地解决一个又一个大大小小的麻烦。重要的是，遇到什么问题时，不要闹情绪，不要老想纠正别人，让别人对你的不如意负责，而是开动脑筋，想出好办法去解决问题。其实，好多事情不至于那么令人"恼怒"哦。这样训练自己一段时间，恐怕想生气都不那么容易喽。

27．我真是个"事儿"妈吗

⊙ 快乐就是健康。一种美好的心情,比吃十服良药更能解除生理上的疲惫和痛楚。

⊙ 要学会适应新的环境,要操练处于"麻烦"之中的温柔平静。

⊙ 凡是有生活的地方,就有快乐和宝藏。

⊙ 在幽默诙谐中,你可以发现人生的很多乐趣。

你是否常为小事儿抓狂

在平时的生活中,你的注意力是不是集中在许多小麻烦、小困难上?面对许多不公平的苛刻指责,你是不是常常为此烦恼?做下面的题目,选出最能准确描述你的想法的一项来。

1. 当有人拿着饭盆插队时,你会

A．劝他别加塞，赶紧排队去。

B．懒得理他，别人不管，我也不管。

C．觉得这样的人很让人讨厌，不讲公德

2．假期中，好不容易等到喜爱的球赛转播了，却停电了。

A．赶紧打电话叫爸妈想办法解决。

B．希望只停一小会儿。

C．很生气，使劲踢沙发。

3．在班里，发现自己的语文练习册不知被哪位同学拿错了，你会

A．发动同学给帮忙找找。

B．向周围的同学不停地诉说。

C．很生气，在班里大叫着："谁拿我的练习册了，赶紧给我交出来！"

4．有人在自习课上说话，而你正在苦思冥想一道数学题。

A．生气地大叫："别吵了！"

B．跟坐在角落的同学暂时换一下座位。

C．向班干部或老师告状。

5．在一个拥挤的教室里，发现有的凳子几乎放在走道上了，你会：

A．帮忙把凳子往里放放。

B．想踢到一边去，可是没踢，绕过它走开了。

27．我真是个"事儿"妈吗

C. 特别讨厌这些凳子的主人。

6. 跟同学约好第二天去游泳,结果同学来晚了。

A. 等不及了,直接打电话问情况。

B. 等会儿就等会儿,没什么大不了的。

C. 很郁闷,觉得同学不遵守时间。

7. 和爸妈在餐馆吃饭,注意到比你后来的客人先上了菜。

A. 你妈很生气,你却劝她不着急。

B. 叫来服务员,很烦地问他这是怎么一回事。

C. 生气了,非要赌气换一个饭馆。

8. 前面的车相撞了,小胡同里人挤人,全都堵在那里。如果你急着上学,你会怎么办?

A. 把自行车就锁在原地,赶紧从人缝里挤出去。

B. 理解别人,耐心等待交通警察疏散人群。

C. 急得直跺脚。

分析:

说明:选A计3分,选B计2分,选C计1分。

16-24分,你很少为小事抓狂,心态比较平和,继续保持哦。

9-15分,你仍需努力把每件事都看作是小事。

1-8分,你把每件小事都放在心上,要试着让自己放松些!

28. 想跟网友见面

一位好朋友转到深圳上学去了，为了方便联系，我建了一个QQ号，从此尝到了"聊天甜头"。空间距离虽然远了，可是，由于"聊天"的方便，我们的友情似乎比以前更深厚了。有什么学习上的困难，有什么烦心事，只要敲几下键盘就搞定了，真爽啊！

随着"网络技术"水平的提高，只要我愿意，我就能随便钻进网络上任何一家的"聊天室"，和网友们大聊神侃了。我可不像我妈那样，认为网上聊天是浪费时间，相反，我却觉得，打开了电脑，就像打开了属于我自己的那片天空一样。在这片天空里，我可以伪装，也可以真情告白，我可以撒谎，也可以尽情地发泄，让我空虚的心，得到一些安慰……没人会知道我是谁，没人会知道我是什么样的人。

最近，我结交了一个新网友。自从和他结识以后，我才知道，虚拟的世界里也会有真诚的友谊。我们很聊得来，什么学习上的苦恼，和同学闹别扭，烦父母的唠叨等，都是我们共同的话题。每当我和他聊完天后，我就觉得心情舒服多了，舒服程度甚至超过了转到深圳的那个好朋友。他真是我的知己呀！

　　我们双方都知道在这个虚拟的世界里，不能把自己的家庭住址、学校和电话告诉对方。但是，暑假到了，在北京的我和在秦皇岛的他，都非常想找个时间，约定在南戴河见个面，希望能把网上的好朋友变成现实中的好朋友。

　　可是，我妈反对我上网聊天，更反对我去见网友，说那是在玩危险游戏。所以，我只好偷偷到网吧里去聊天。一天不去，就像掉了魂一样，显得无精打采，心事重重。

　　眼看暑期快要到了，我攒的钱根本不够车费，因为这事跟老妈要钱，打死她也不会同意的，没准还会死死盯上了我，让我脱不开身。现在，我唯一能做的就是省下一切零花钱，攒够车费，实现我的愿望。等约好地点，到了之后，我再给家里打个电话说一声也不晚。毕竟我都15岁了，应该有点独立自主的权利了。

　　可是……可是，除了莫名的兴奋外，我心里还是有点不安。虽然南戴河我去过几次，可那毕竟是跟父母一起去的，对我来说，那还是一个陌生的地方。虽然在网上，我和这个网友聊得非常开心，非常投缘，可是他对我来说，毕竟是个熟悉的陌生人呢！唉，一边急切地攒钱，还要一边费这种脑筋，真不爽。

蓝色 女生 13岁

快乐由你

蓝色：

和网友见面？哇，好新奇耶，依我看，很多人都想试试！也包括我哦。真想知道他长得什么样，他的声音是不是很好听？一见面，我们是不是还和网上一样聊得很投机、很开心呢？

但是，你如果克制不住自己，冲破老妈阻力，冲动地要去会一会网友的话，我还是想泼一盆冷水给你，让你清醒清醒。为什么？就是因为你既有"莫名的兴奋"，心里又有点"不安"。

的确，好奇之心人皆有之。不过，在约会之前，我劝你还是上网查查有关网友会面而发生的悲剧事件的报道，网友绑架事件、强奸事件、勒索事件，甚至自己性命不保等等。这都是使家人泪流不止、痛不欲生的事件……

其实，并不是每个网友都是魔鬼，但在弄清其真面目前，最好还是不要把他当成了天使。毕竟其中的安全系数太低。

我们都想"把网上的好朋友变成现实中的好朋友"。

在网上聊得很投机了，就已经是好朋友，为什么还非要费精力和财力见个面呢？再怎么说，网络毕竟是虚拟的。网友就是网友，跟生活中其他的朋友是不一样的。费尽心机，投你所好，这种网友也不排除。

和网友会面结果无非是两个。一个是安全的结果，网上网下一个样；另一种结果就是不安全，比如遇到了早有预谋的坏人。后者虽然对整个社会来说，百分比率很少，可是，对一个不幸遇上的人来说，就是百分之百。所以，如果你真要去见一个身份不明的网友的话，最好还是让家长陪着去，见面的地点也不能太偏僻了。

网络生活是我们现在生活中不可缺少的一部分，但只是一部分，而不是全部。所以，以我所见，你可以继续保持健康的网上聊天，和网友保留一份新鲜感和神秘感，然后再腾出一些心思，去交一些看得见、摸得着的朋友，和他们去打一场激烈的球赛，去安静地看一个电影，去面红耳赤地争论一道难题，去讲一个笑话，然后一起无所顾忌地开怀大笑……这样的人生才够精彩，才够丰富呢。

还有，能够吸引身边的朋友和你聊天，并且聊得很开心，绝对是一种能力！

 心灵甘泉

◉ 网络本无所谓好与坏，上网的人用它做了事就有了好坏之分。

◉ 对于网络，正确对待是天使，沉溺其中是魔鬼。

◉ 网络聊天是大家在网上交流的一种很好的方法。如果你有足够的免疫力，它就是一件好事；如果你是一个毫无免疫力的人，那么它就像鸦片。

 认识我自己

你经常上当受骗吗

出门在外，有人因防范不周而吃亏上当的事时有发生。你是容易受骗的人吗？试着回答下列几个问题，就可以知道你的"被骗指数"了。

1. 不相识的人上前来和你搭话时，你是不是觉得很兴

28. 想跟网友见面

奋，觉得自己很有魅力？

2. 你是不是经常会有和网友见面的念头？

3. 在QQ上和人聊天时，你是不是有问必答，甚至毫无防备地把自己的情况告诉人家？

4. 你是一个"自来熟"吗？就是一见面就显得好像多年的老朋友似的，恨不能把自己的情况全部告诉对方？

5. 是否总往好的方面看一个人，有人突然对你特热情的时候，你也不会想一想原因？

6. 当有人问路时，你说得再清楚，他还是听不明白，你是否一着急，就亲自在前面为他带路了？

7. 天色晚了，当你独自一人从学校晚回的时候，你是不是很少回头看一下周围，看是否有人跟踪你？

8. 胆子大得是否很盲目，根本不信自己会遇上倒霉事？

9. 是否为沾上一点小便宜就沾沾自喜？

10. 对陌生人提供的热情帮助，是不是毫不思考地全盘接受？

如果以上的题目，你的回答有5题以上是"是的"，请当心，你上当受骗的指数已相当高了！

29. 帮帮误入"歧途"的我

亲爱的朋友，我的这封信很长，希望你能够耐心地看完，帮助我这个烦恼的小女孩儿。

开门见山地说吧：我爱上了一个老师，或许你会说我对他只是敬佩、崇拜，而对于我而言，我真的爱上了他。

他今年24岁，长得很高、很白、很秀气。他教的语文课真的很棒，幽默而有激情，能吸引所有学生的注意。原本语文成绩不好的我，突然有了很大的飞跃。

在我们学校，有很多女生喜欢他。他是我见过的最帅气、最有内涵的老师。我觉得我已经爱上他了，但他是我们的老师，我怎么办啊？

从小学到初中，我一直是个冷血动物，可是自从遇见他，我原本平静如水的心开始动荡了。他是住宿的老师，我是住校的学生。由于学校小，男生宿舍和女生宿舍相对着，老师的单

身宿舍也紧挨着学生宿舍。所以，每天晚上，我站在走廊上看他，直到他回宿舍，我才回宿舍，这时常常到了晚上11点。

5月7号那天一大早，我来到学校看见了他的女朋友。那一天，我趴在床上哭了一天。

即使这样，我还是觉得有时他给我的眼神会让我产生一种异常的感觉。比如说，他每次打篮球，我都会看着他，每次他投进一个球都会看我。还有今天在计算机房，我们在上电脑课，自由练习，他进来打东西，后来走的时候，我就想看他一下，正回头一看他正看着我。我不知道在他的心里有没有我的一点位置，而我却把他当成生命的全部。

"如果这是最后的结局，为何我还忘不了你。"这是张信哲歌里的一句，我深深地恋上了这种感觉，是因为我真的爱上了一个不该爱的人。可是，他那张朝气蓬勃的脸，那双深邃的眼睛，常常侵入我的脑海里，让我坐立不定，让我寝食难安。看到他，我的心在慌乱。我茫然无助。

　　对了，请你帮我看看这是什么预兆：有很多男生追我，都说我文静、有修养，是淑女。有一个男生追了我六个月了，近几个星期，我天天白天站在走廊上跟他讲话。后来那个老师看见了，一上语文课，他就对那个男生发脾气，无端地发火。我有时真的弄不清楚了，他对我究竟有没有那种意思啊。帮帮我吧，亲爱的朋友。

闷葫芦　女生　13岁

快乐由你

亲爱的"闷葫芦"：

　　从你的"长信"中可以看出，你是一个感情非常细腻的女孩子哦，不过，首先我要告诉你的是，困扰着你的这种"恋师"情感在中学生中很常见。从心理学的观点看，这是少男少女性意识发展过程中的一种现象，对老师由好

感、崇拜发展到爱慕，这种"恋师"现象对我们的学习、生活、行动品格，都带来很大的影响，甚至是消极的影响，但我们不能否认它是一种很正常的情感。

但是，需要明确的是，不能因为它是一种"正常的情感"，我们就任由它发展下去。

从来信中可以看到，那位老师已经有了女朋友，并且还非常大方地把女朋友带到了学校，这说明老师对你并没有那种意思，这只是你由于"单相思"而产生的一种错觉。

学生喜欢老师的理由非常简单和理想化，比如你，喜欢老师的外貌、谈吐、举止等，却忽略了老师的内在品质及性格爱好等，而这些恰恰是你不了解的。由此可以断定，你对老师的"爱"是盲目的。你对老师的这种感情，只是一种极单纯的爱慕，是一种对美好爱情的想像与憧憬，而不是真正意义上的爱情。我希望你能清楚地意识到这一点，我也相信聪明的你，能够想得清这一点，完全没必要为此心绪不宁。

"帮帮我吧，我该怎么办？"其实，解决你困扰的最好办法就是，多跟同龄人交往，比如交谈、运动、郊游等，这都可以有效地转移自己的注意力。最好不要与异性老师单独交往，要找准自己的位置，不要迷失方向。

亲爱的"闷葫芦"，你也知道"爱上了一个不该爱的人"，所以，聪明的你，要变得理智一些，不该爱的就要赶紧"STOP"。这样，经过一段的迷失之后，你就会回归到属于自己的生活之路上来。

也许在将来的某一天，当跟同学聚会时，你会饶有兴致地聊起当年的这段"恋师"往事。我相信，当时，你一定会为自己的天真无邪而笑出声来的。

- 明智的人只做合适的事情。
- 如果一个人不知道他要驶向哪个码头，那么任何风都

不会是顺风。

◉ 如果谁也不喜欢你，那么你应当相信，这是你的过错。

 认识我自己

遇到伤心事你会做什么

因为没按时完成作业，你被爸妈训了一个多小时。你筋疲力尽只想睡觉，结果好朋友打电话邀你明天去踢球。你说看明天的具体情况再定吧，那么，你希望明天的情况是什么样的情况呢？

A．爸妈的心情不错，不再追究你的学习问题了。

B．爸妈出去办事去了，自己在家很自由。

C．爸妈依然盯着你那一堆怎么做也做不完的作业。

D．爸妈为谁管你少谁管你多，吵得不可开交。

分析：

选择A：一遇到伤心事，你就不知道该怎么办，等明白过来是怎么回事后，就想让自己赶紧躲开，躲得越远越好。比如，你会去踢球、玩游戏、听音乐等，以此来缓解一下自己的

伤心情绪。但是，你不能一直沉湎于音乐和运动之中，最终你还是得要面对现实。正视现实，才会让自己真正平静下来，开始正常的生活。

选择B：一遇到伤心事，你总是赶紧去做与此毫不相干的事，而且一直埋头苦做，想以此转移自己的注意力。这样虽然能让你暂时忘掉一些伤心事，但这种方法对你好像用处不大，会让你更难过更伤心。因为，你是一个极重感情的人，注意力很难转移的，尽管你做出了很大的努力。不过，从整体上看，你还到不了自暴自弃那一步。时间可以冲淡一切。

选择C：你的内心深处非常脆弱，经受不起一点打击，而且还特倔，思想容易走极端。你很好面子，很少在人前流露，所以，别人也无从劝你。事实上，别人怎么劝你也不会听的，只知道一个人胡思乱想，越想越伤心，就开始不停地念叨。一开始，人们还同情你，可是，时间长了，谁也受不了你了。

选择D：你比较天真，不相信眼前发生的事，或者，会在指责别人，认为是别人造成这一切的。所以，你的心理承受能力比较弱，无法接受现实。建议你面对现实，理清思绪，让自己冷静下来，别让友情离你而去。

29. 帮帮误入"歧途"的我

30. 我只是不想出风头

"从小就是一个美人坯子，到底是经过舞蹈训练的！"

"哇，瞧那双亮汪汪的大眼睛，看那长长的睫毛，真漂亮！"

……

小时候，类似一惊一乍的对话时常充满了我的耳朵。妈妈也常常以我的"回头率"高而骄傲。

其实，比我好看的女孩子，在我们班就有一大把啊。做完作业后，我总是悄悄地观察她们，琢磨自己。总觉得她们比我更时尚，更有气质，充满着自信，吸引着大家的眼球。

在老师和同学的眼中，我的钢琴和小提琴等样样"拿得起来"。班里有什么活动，学校有什么演出，老师总想让我参加，班干部更是死乞白脸地要拉我排练。但是，在我默默无语却又顽强地抵抗下，她们也只好罢手。久而久之，老师烦我、同学不爱理我。她们说我太傲气了，一点没有班集体荣誉感，太自私……反正是什么难听的话都劈头盖脸地甩给我了。

听他们这么胡说八道，我心里那个气呀。哼，我还不是太在乎班集体的荣誉了才不愿去丢人的吗？比我小提琴拉得好的同学有的是，比我的舞蹈跳得好的同学有的是，我哪敢跟他们比试呀？我的原则是要做就做最好的，做不到最好，我就干脆不做。

一下课，女孩就爱扎堆闲聊。她们总是对一些当红的歌星、影星评头论足，争得唾液横飞，乐得前俯后仰。其实，我也有自己喜爱的明星，但我不敢说出来，我害怕跟她们喜欢的不一样，怕她们驳斥我，更害怕她们说我的欣赏品味低。唉，我的辩论口才为什么不是最强的呢？

凭着外语特长，提前进入重点中学，应该比电脑派位的同学强多了吧？这种好事儿要搁在别人身上，指不定有多高兴呢。可我就是高兴不起来，因为我知道天外有天、人外有人。每当心里有那么一点点窃喜时，我就非常严肃地告诫自己：比你优秀的同学多的是，你还不是最出色的。不幸果然被我言中。在进入中学的第一次大考中，我在班里只排到了第30

30．我只是不想出风头

名,相当于班上的"中下流"。

　　终于,孤独的我、失落的我开始从网上寻找安慰。我要在这个虚拟的世界中让自己成为最好的、最完美的、最令人羡慕的人。但令人头疼的是,一回到现实中来,我又把自己贬得一塌糊涂。老觉得自己一切都比别人差:长得比别人差,考试成绩比别人差,交际能力比别人差……一想到这么多的差,我简直快透不过气来了。

不开　女生　14岁

 快乐由你

亲爱的不开:

　　叫着你为自己取的笔名,我就立即联想到了"想不开"三个字。呵呵,追求美是人的天性,可是,什么事都有个度,一越过了这个度,就显得有点傻了。比如,爱干净是优点,但变成了洁癖就是缺点了。追求美是享受,可是,"做不到最好,就干脆不做",事事追求完美,那就要痛苦喽。

　　你为什么要过分追求完美呢?那是因为你内心深处有一种

不安全感和自卑感，老是害怕被别人拒绝或否定。

最好的办法是，别太在乎别人怎么看你，更不要在做一件事的时候，只在乎结果，却不在乎去发挥自己的才能。如果你老空想着让自己成为最优秀的、最完美的，你就会事事对自己苛求，处处对自己不满意。在这样的一种心态下，怎么能愉快地学习并释放出自己的潜能呢？你应该懂得生活中的每个人不可能处处优秀哦。在一个高手如云的重点中学里更是如此。

想明白了，接下来，做一个深呼吸，让自己加入他们吧。该聊天时就聊天。反正闲聊也没有什么高低对错之分，只为了放松心情，只为了精神愉悦。只要做了第一次，就会有第二次了。该比赛时就比赛。反正，比赛中胜败是常事。让别人为自己加油与喝彩，也为别人加油与喝彩，做一个赢得起，也输得起的人。过不多久，你就会发现，你的"人气指数"会直线上升，而"白眼指数"会急剧下降。

30. 我只是不想出风头

◉ 追求完美是人的天性之一。有了对完美的追求,人类才会有进化和进步。

◉ 如果在生活中把追求完美放到一个偏离实际的位置上,那就变得不美了。

◉ 追求纯粹的完美是不现实的,那是生活中的一个误区。

◉ 有优秀的一面就应该尽量地去展示,而不是掩饰;有了失败就应该坦然对待,尽量去弥补自己的不足,而不是自暴自弃。

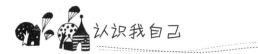

你的人气旺不旺

在班里,你的人气旺不旺,往往同人缘关系的好坏相一致。凡是人缘关系好的人，人气就比较旺；人缘关系一般的，人气自然也就一般般了。

赶紧做做下面的自我测试，看看自己的人气吧。

1．你是否在同学没让你表达观点的时候，主动表达你的观点？

2．你总是认为自己是朋友中最能干的一个吗？

3．在食堂，你是否喜欢一个人独自用餐？

4．你对报纸上报道的各种新闻和消息是否很有兴趣？

5．你喜欢和同学玩各种各样的小游戏吗？

6．你是否喜欢向同学及朋友诉说自己不高兴的事或者分享自己高兴的事？

7．你是否经常向人借书看？

8．和朋友一起出去玩时，希望AA制吗？

9．当别人问你发生了什么事时，你是不是不惜口水把前因后果统统说一遍？

10．当你招待朋友需花少量钱时，你是否觉得这样也挺好？

11．自己是个直脾气，说话不会婉转一些，而你是否以此为自豪？

12．每当有集体活动时，你是否经常让大家等你？

13．你是否从内心喜爱自己的好朋友？

14．你是否喜欢讲一些无聊的笑话？

15．你是否常常对人恶作剧？

30．我只是不想出风头

16．你讲话时是否常常使用"相当不错"、"特别好"或"坏透了"一类字眼？

17．坐公交车时，如果售票员的服务态度不好，你是否想出面和他辩论一番？

18．好多同学和你的爱好不一样，你会轻看他们吗？

19．你是否常常说话不算数？

20．当你处在不利的情况下，是否会变得很绝望？

分析：

说明：4、5、6、10、13、16题回答为"是"，其余的题回答为"不"。每答对一题计1分。

分数为16—20分，说明你与人相处的能力相当好；

分数为12—15分，说明你与人相处的能力很不错；

分数为8—11分，说明你与人相处的能力不太好；

分数如果在7分以下，那就说明你与人处人的能力很差。你有必要反省自己，调整性格和行为方式，不然你就会处理不好人际关系。这对总处在集体生活中的人来说，是一个极大的弱点。

美丽的疼痛

31. 考满分的烦恼

毕业考试快到了，虽然是小升初的毕业考试，但紧张的气氛一点也不比中考和高考弱到哪里去。尤其是语文和数学老师，喜欢跟别的老师抢时间。被我们誉为"战神"的数学老师，两天前就向我们发出"预警"："周五先考一次，是我从好多资料上精选出来的，题比较难，算是期中考试的摸底或"热身"吧。学了大半个学期，我倒要看看你们的水平到底怎么样。"

第二天就是周五了，我们那几个平时打得火热的哥们儿，依然在课余时间胡吹乱侃。侃完之后，看着那些把脸都皱成小老头小老太的用功同学，我们又都有混日子的罪恶感。他们问我复习得怎么样了，我说我没复习，肯定考不好。这是我的真心话，因为虽然我贪玩，可是，我相信那句名言：一分耕耘，一分收获。

考试很快过去了,"战神"也火速将成绩判出来了,出乎我意料的是,数学有四个同学得满分,我就是其中一个。

这真是一件可喜可贺的事啊。

正当我为自己骄傲和自豪的时候,那几个哥们儿的议论却把我刚要"发热"的激情,一下子平息了下去。"怎么这么虚伪啊?""哼,就是,明明用功到深更半夜,却说自己没复习!""这不是误导人嘛,自己偷偷学,干吗要装不学。"

"嗨,看来是交友不慎呀,得亏醒悟得早,要不,还不被他带到沟里去了?""是呀,表面上人家跟你玩得热火朝天,背地里却死学,到时候,人家上重点初中,咱们这些跟着玩的就该倒霉喽……"

31. 考满分的烦恼

喊，不就是我的成绩比他们高出个十分八分的吗？听说最低分还有70多分的。和最低分相比，他们还不止高出十分八分的呢！何况我没有说假话呀，我说的都是实话，没复习就是没复习！假的真不了，真的假不了。可是……可是……谁来替我证明呀。

我气愤地找那几个背后议论我的同学，质问他们："班上有好几个人都比我的分高呢，你们为什么不说他们虚伪，凭什么只说我虚伪呀？"

他们的回答却令我无话可说。我挑几句典型的说来你听听："那几个都是书呆子，每天不是背课文就是做卷子，考不好才奇怪呢！""人家爱学习就是爱学习，表里如一，不像有的人虚伪，表面装着不用功的样子，跟大家混在一起，上课看课外书，下课侃大山，背地里却偷偷学！蒙谁呢？"

晕！听他们这么一说，我都蒙了，还蒙谁去！

我的数学"底子"本来就好，又在外面报了个奥数班，这次考得好，我估计也跟这有点关系吧。可是，我这么解释没人信我呀。有时，我上课想找同桌说句话，下课想找人玩，都没有人搭理我。就是搭理我，也就是损我虚伪，想耽误他们的宝贵时间，然后自己回家偷偷学。唉，这日子真难过呀，比我考试不及格还要难过百倍。

魔法创客　男生　12岁

 快乐由你

可怜的"魔法剑客":

好同情你哦。考不好难过,考好了更难过。遭到别人的误解,连解释的机会都没有。

我首先要对你表示同情和理解哦。可是,仅仅同情和理解是不够的,关键是赶紧想办法改变这种状况啊。

首先,我要说的是,你没好好复习应该感到惭愧,而不是大大方方地承认。这样做,无意中会误导同学,这也的确不应该呀。这可是忠言逆耳哦。

其次,我认为,对于同学们对你的误解,你最好不要逢人就解释,那会越抹越黑呃。

从道理上讲,重点中学是从全区,甚至全市招生的,又不是从某一个班招生,所以,你们班同学是竞争对手关系,更是合作伙伴关系。因为,如果全班同学都互帮互助,比着学习,那么,全班的整体水平就会不断提高。整体水平高了,在全区或全市的竞争中,自然就没什么可担心的了。

相反,如果大家都不拿学习当回事儿,班里没有学习气

31. 考满分的烦恼

氛，我想，与那些学风好的班级相比，即使在班里当个"尖子"，也"尖"不到哪里去。所以说，班级的学风很重要啊。

其实，这个道理很简单。你明白这个道理后，可以把这种思想带给同学们。我说的"带"，不仅仅是说说而已，重要的是去做，营造一种互相帮助、共同进步的学习气氛，这样才能取得同学们的谅解。如果光说不做，恐怕同学又要说你"虚伪"喽。

亲爱的"魔法剑客"，"学如逆水行舟，不进则退。"当别人都在奋力前进的时候，你也不能靠以前积蓄的"能量"在原地打转啊，这样，你很快就会被别人甩到后面了。没关系，当你积极地靠实际行动，去取得同学的谅解时，有一天，你会突然发现，你那不用功的毛病，也就自然而然地消失喽。

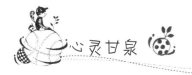

- 不相信任何人的人知道自己无信用。
- 以真诚和坦然面对别人的误解。
- 每一种挫折或不利的突变，是带着同样或较大的有利的种子。
- 事情的成败以结果为断，中间的波折不足为论。

你对你的朋友够朋友吗

你的生日到了，好朋友一直惦记着这一天。他已间接地打听到了你最近最想买的东西是一副结实的护腕。于是，在你生日的那一天，你得到了一个惊喜。那么，生日之后，惊喜之余，你会把这个生日礼物放在哪里呢？

A．和自己最喜欢的网球拍放在一起。

B. 挂衣服的衣架上

C. 不常打开的衣柜里

D. 放在枕头边

分析：

选择A：性格有点软弱，对朋友非常重视，对友谊非常珍惜。但有时，你的善良会被人利用，你会受到伤害。当然，一旦被友谊伤害，这种友谊就不能称之为友谊了，所以，你得要明辨是非。

选择B：你待人没有耐性，坐不住，很喜欢玩，见人就想玩。需要提醒的是，别太高估了友谊的"韧度"了。所以，做事要有分寸，适可而止，否则会令大家的友谊受到伤害的。

选择C：做你的朋友好倒霉啊，他总是被你捉弄，当看到他被整得很惨时，你却开心得不得了。时间长了，朋友就会逃得远远的，因为你捉弄朋友时，一点也不会顾忌他的感受。建议你手下留情，捉弄朋友时把握好分寸，别让人觉得你特不懂事、特烦人。

选择D：对人彬彬有礼，说话办事都很讲分寸，也喜欢开玩笑，但绝不会过分得让朋友受不了。所以，朋友们也都很喜欢和你开玩笑，朋友关系也会因此越来越铁。总之，凡是有什么聚会时，朋友们觉得少了你，就会少很多乐趣。